社会工作作为专业力量参与脱贫攻坚，
将专业队伍、专业方法、专业力量运用到脱贫攻坚的工作中，
发挥了不可替代的专业优势和人才优势，
提升了反贫困工作的专业性。

国家出版基金项目
NATIONAL PUBLICATION FOUNDATION

大国攻坚·反贫困社会工作丛书
丛书主编　向德平

金融服务与减贫发展：理论与实践

吕　方　等　编著

華東理工大學出版社
EAST CHINA UNIVERSITY OF SCIENCE AND TECHNOLOGY PRESS
·上海·

图书在版编目(CIP)数据

金融服务与减贫发展：理论与实践／吕方等编著. —上海：华东理工大学出版社，2023.9(2024.12 重印)
(大国攻坚·反贫困社会工作丛书／向德平主编)
ISBN 978-7-5628-7107-1

Ⅰ.①金… Ⅱ.①吕… Ⅲ.①金融—扶贫—研究—中国 Ⅳ.①F832.3

中国国家版本馆 CIP 数据核字(2023)第 160030 号

策划编辑／刘 军
责任编辑／孟媛利
责任校对／章斯纯
装帧设计／王 翔
出版发行／华东理工大学出版社有限公司
地址：上海市梅陇路 130 号，200237
电话：021-64250306
网址：www.ecustpress.cn
邮箱：zongbianban@ecustpress.cn
印　　刷／上海中华商务联合印刷有限公司
开　　本／710 mm×1000 mm 1/16
印　　张／16
字　　数／198 千字
版　　次／2023 年 9 月第 1 版
印　　次／2024 年 12 月第 2 次
定　　价／80.00 元

编委会名单

丛 书 总 序

我国以脱贫攻坚为标志的国家级重大反贫困行动，于2020年年底取得了预期成果，绝对贫困总体上被消除。脱贫攻坚可以说是中国乃至世界反贫困史上的一件大事，值得书写一笔。社会工作作为一种专业力量参与其中，并发挥了重要作用，其实践和经验值得总结。由向德平教授主编的“大国攻坚·反贫困社会工作丛书”在这方面做了开创性的工作，值得我们称赞。

一、社会工作参与反贫困是一项重大的专业实践

（一）反贫困是社会工作的一项核心任务

社会工作自产生之日起，就与反贫困结下了不解之缘。不是社会工作“贪恋”反贫困，而是贫困给贫困群体带来了巨大的痛苦。社会工作作为一种以帮助困难群体缓解困难、追求社会公正与社会进步为己任的专业，理应把反贫困的责任放在自己的肩上。在世界社会工作反贫困历史上，发达国家的社会工作参与反贫困基本上是通过实施社会救助和社会慈善的方式进行的，并形成了社会工作的著名模式。第二次世界大战以后，发展中国家的反贫困主要面向农村展开，经济开发、社区发展成为其主要模式，20世纪50年代联合国倡导的社区发展原则正是社会工作参与反贫困所应遵循的。20世纪80年代以后出现的发展型社会工作，一方面与发展中国家的政府、社会工作者、发展工作者的实践有关，另一方面也受产生于发达国家的社会投资

等理论的影响。这些实践取得了一定的成绩，也为后来发展中国家的反贫困提供了借鉴和参照。

我国作为经济社会政策和发展项目的反贫困工作是从20世纪80年代中期开始的，最初是经济开发，接着是扶贫攻坚，主要是发展经济，由政府部门、国有大中型企业和贫困农户承担主要责任。2015年，我国开始实施脱贫攻坚工程，中央明确要求形成由专项扶贫、行业扶贫和社会扶贫互为补充的大扶贫格局，做到扶贫开发与经济社会发展相互促进，不但注重产业脱贫，而且加强教育等多层面脱贫；要求坚持群众主体，激发内生动力，注重扶贫扶智，增强贫困人口自我发展的能力，同时实施扶贫志愿者行动计划和社会工作专业人才服务贫困地区计划。这样，社会工作力量作为脱贫攻坚的有机组成部分，有了"特殊"的实践机会，也能够更有针对性地参与反贫困行动。2017年，《民政部 财政部 国务院扶贫办关于支持社会工作专业力量参与脱贫攻坚的指导意见》（以下简称《意见》）要求中国社会工作教育协会发挥推动作用，进行教育扶贫。同时，我国开始实施社会工作服务机构"牵手计划"，从发达地区选择专业性强的社会工作服务机构，与贫困地区社会工作服务机构等进行结对。社会工作教育界积极响应政府部门的号召，组织、动员和支持各社会工作院系参与这一具有历史意义的反贫困行动。各类群体参与脱贫攻坚成为中国社会工作重建以来，规模最大、时间较长、有组织、有目标要求的集体性行动。

（二）社会工作参与脱贫攻坚取得了积极成果

按照民政部等部门的《意见》，中国社会工作教育协会参与脱贫攻坚是教育扶贫，其主要任务如下：高校社会工作专业院系要与贫困地区合作建立社会工作专业培训、教师实践和学生实习实训基地，帮助贫困地区培养社会工作专业人才；高校社会工作专业教师到贫困地区开展专业督导，引导社会工作专业在校生到贫困地区进行社会实践；支持鼓励社会工作专业毕业生到贫困地区就业。在中国社会工作教育协会的组织动员下，各社会工作院系秉持专业精神、发挥主观能动性，组织师生、链接资源、深入贫困地区，开展了多项服务，较好地完成了《意见》提出的任务，并尽己所能地为贫困地区的居民做贡献，在脱贫攻坚中取得了不少开创性成果。社会工作教育界支持了贫困地区的脱贫工作，促进了贫困地区社会工作人才和专业力量的发展，也获得了参与反贫困的直接经验，使我们感受到了当地干部群众和派驻的扶贫干部在反贫困中表现出来的坚韧不拔的精神。同时，参与脱贫攻坚也成为各社会工作院系坚持理论联系实际、开展实践教学、在实践中培养学生、在比较中进行研究的重要场域，因而参与者的收获是丰硕的。

对于参与脱贫攻坚，中国社会工作教育协会领导班子给予了高度重视，设计行动计划、动员组织力量，推动了整个工作向前发展。中国社会工作教育协会还建立了反贫困社会工作专业委员会，在贯彻落实协会的总体部署、推动整个活动发展方面发挥了积极作用。作为反贫困社会工作专业委员会的负责人，向德平教授和他主持的反贫困研究机构积极配合、主动工作，有力地推动了中国社会工作教育协会工作的开展。

二、社会工作界参与反贫困是理论与实践比较、互动和提升的过程

（一）社会工作教育界参与反贫困是理论与服务实践的互动过程

社会工作教育界参与反贫困的特点是，一批批具有深厚社会工作理论

与知识积累的高校教师和研究生、高年级本科生开展实践活动，这同时也是他们走出课堂和校门开展社会工作服务的过程。在一定意义上，它是理论指导实践的过程，也是实践检验书本知识和理论的过程。反贫困工作是在自然环境复杂、文化传统多样的贫困地区展开的，社会文化因素深深地影响着反贫困行动的开展。在上述经济、政治、社会、文化背景下开展的反贫困，必然比书本上介绍的复杂得多。社会工作界参与反贫困，必然会遇到上述复杂因素的影响，会遇到许多亟待解决的“中国式”问题。这是一个不断比较、选择、实践和反思的过程。对社会工作教育界来说，这是一系列挑战，也是在克服困难中不断成长的过程。

（二）书写经验是反贫困理论和实践成果的延伸

社会工作者的基本品格是奉献和共享发展成果，同时社会工作教育界又有改进教育、传播知识、贡献社会的责任。从这个角度来说，将参与反贫困的经验和思考写出来，是十分有意义的事情。向德平教授主编的这套书正是此种努力的体现。该丛书组织了国内社会工作界 20 多位专家学者，基于社会工作实践，总结反贫困的相关模式和经验，生产社会工作知识，价值显而易见。

该丛书以实践为基础，兼顾了反贫困知识和实践的完整性。它是多视角、全方位和具有整体性的。其主要视角包括社区为本视角、抗逆力视角、内生动力视角、资产建设视角、金融服务视角、可行能力建设视角、赋权视角、贫困治理视角、心理弹性和生涯辅导视角等。它关注的服务对象主要包括儿童、老年、妇女、残疾人及西部农村中的弱势群体。该丛书既介绍既有的社会工作理论，也介绍中国特色的社会工作实践。基于本土实践，它介绍了社会工作参与反贫困模式的多样化和经验的多元化，反映了中国反贫困的经验及社会工作参与反贫困的机制，阐明了专业社会工作是如何发挥专业优势、实现服务效能的。

该丛书也是系列教材，体现了从理论到实践、从实践到知识的转化过程。这里包含了对反贫困知识和理论的选择，包括在实践中对社会工作知识的运用和反思，也包括基于实践的知识建构，还包括不同类型和不同层次的建议。该丛书内容丰富，有借鉴、有创新，可指导实践，也为反贫困研究提供了参考框架，是反贫困领域的学术力作，是社会工作本土化的重要成果。

三、在乡村振兴中更好地运用和发展社会工作参与反贫困的经验

到2020年年底，我国在总体上消灭了绝对贫困，但是相对贫困还会长期存在。中国共产党第十九届中央委员会第五次全体会议提出“实现巩固拓展脱贫攻坚成果同乡村振兴有效衔接”，我国巩固脱贫成果和反贫困的任务依然是十分繁重的。在走向乡村振兴、实现共同富裕的进程中，已经取得的反贫困经验在一定程度上依然有效，这与相对贫困现象在地域、群体、经济状况、社会生态和文化上的连续性密切相关。当然，相对贫困也有自身的特点，贫困群体有了以往反贫困的经验，有了相对好的经济基础和社会生活条件，他们摆脱贫困的内在动力和能力也有所增强。但是我们也要看到，在新的国际国内形势下，面对不断加剧的市场化竞争，相对贫困群体的生存压力不会减少，反贫困的发展性要求会更加突出。我国已经进入社会主义现代化建设的新阶段，要贯彻新的发展理念，构建以国内大循环为主体、国内国

际双循环相互促进的新发展格局，其中乡村全面振兴、遏制返贫现象发生、实现共同富裕任务艰巨。在这种背景下，社会工作者在参与脱贫攻坚中获得的经验仍然有重要的参考价值。我们也期待社会工作者群体在参与乡村振兴和解决相对贫困问题方面取得新的成果。

把论文写在祖国大地上，中国社会工作教育界以自己的实际行动在认真践行。

王思斌
北京大学社会学系

主 编 序

打赢脱贫攻坚战，是实现中华民族伟大复兴的底线要求，是贫困地区与全国一起全面建成小康社会的关键之举，是实现国家长治久安的重要保障。

我国扶贫开发进入精准扶贫、精准脱贫的新阶段。精准扶贫战略贵在精准，精准与专业具有同构性，只有调动专业的力量参与精准扶贫，才能进一步提升精准识别、精准帮扶、精准管理的精准度，才能更专业地解决贫困人口在脱贫过程中的个性问题与发展问题。社会工作参与脱贫攻坚具有重要的意义，在反贫困工作中扮演着重要的角色。

社会工作作为专业力量参与脱贫攻坚，将专业队伍、专业方法、专业力量运用到脱贫攻坚的工作中，发挥了不可替代的专业优势和人才优势，提升了反贫困工作的专业性。事实上，社会工作起源于贫民救济或慈善事业，其发展的历史就是人们与贫困做斗争的历史。社会工作的专业方法、理念正是人们在与贫困及相关社会问题做斗争的实践中逐步形成和发展起来的，因此，社会工作参与脱贫攻坚具有深厚的历史基础和重大的现实意义。社会工作参与脱贫攻坚是社会扶贫的重要组成部分。作为精准扶贫的专业力量，社会工作通过需求评估，精准识别贫困人口及其致贫原因；通过资源整合，动员与协调各方扶贫力量和扶贫资源；通过提升扶贫对象的能力，激发和提升扶贫对象的内生动力和可行能力。社会工作参与脱贫攻坚，有助于提高反贫困工作的精准性和可持续性，实现由“输血型”扶贫向“造血型”扶贫、救助型扶贫向发展型扶贫的转变。

党中央、国务院十分重视社会工作专业人才服务贫困地区的工作,《中共中央 国务院关于打赢脱贫攻坚战的决定》(中发〔2015〕34号)、《中华人民共和国国民经济和社会发展第十三个五年规划纲要》和《国务院关于印发“十三五”脱贫攻坚规划的通知》(国发〔2016〕64号)对实施社会工作专业人才服务贫困地区计划、支持专业社会工作和志愿服务力量参与脱贫攻坚提出了明确的要求。为贯彻落实党中央、国务院的决策部署,支持社会工作专业力量参与脱贫攻坚工作,《民政部 财政部 国务院扶贫办关于支持社会工作专业力量参与脱贫攻坚的指导意见》发布,民政部办公厅、国务院扶贫办综合司出台了《社会工作教育对口扶贫计划实施方案》。

为落实《民政部 财政部 国务院扶贫办关于支持社会工作专业力量参与脱贫攻坚的指导意见》的精神,贯彻实施民政部、国务院扶贫办联合制定的《社会工作教育对口扶贫计划实施方案》,深入推进教育扶贫工作,全国社会工作专业学位研究生教育指导委员会和中国社会工作教育协会积极实施“社会工作教育对口扶贫计划”,组织全国200多所高校参与社会工作教育对口扶贫工作。在反贫困社会工作实践中,社会工作教育和实践工作者积极探索,积累了较丰富的实务经验,总结了一批典型案例,产出了一系列理论成果。本丛书是中国社会工作参与反贫困成果的系统呈现。

2019年3月16日,中国社会工作教育协会反贫困社会工作专业委员会与华东理工大学出版社在武汉举行“大国攻坚·反贫困社会工作丛书”启动仪式。来自十几所高校的20余名作者代表参加了会议。会议研讨、确定了本套丛书的写作框架和主要内容。

本丛书是在全国社会工作专业学位研究生教育指导委员会、中国社会工作教育协会的指导下，由中国社会工作教育协会反贫困社会工作专业委员会具体组织完成的。王思斌教授、阮曾媛琪教授、谢立中教授、蔡禾教授、关信平教授、马凤芝教授、彭华民教授全力支持反贫困社会工作专业委员会的工作，指导本丛书的编写。

中国社会工作教育协会前任会长徐永祥教授高度重视本丛书的编写工作，为丛书的编写和出版提供了巨大的支持。本丛书寄托了全体社会工作同仁对徐永祥教授的深沉怀念！

感谢所有关心、支持本丛书的专家和同仁！

向德平

华中科技大学社会学系

目　录

CONTENTS

第一章　导论：金融不平等、金融排斥与金融反贫困

金融是现代经济体系的重要组成部分。按照经典教科书的表述，金融泛指资金运动的过程，涵盖储蓄、借贷、投资、保险等经济活动①。一方面，现代金融的兴起的确带来了市场经济的进一步繁荣，可以说金融活动对于现代经济体系的高效运转发挥着至关重要的作用；另一方面，当我们从宏观的经济构造层面回归个体的生活世界，进入行为经济学和社会学的视域时便会发现，不同经济社会地位的群体，在金融化时代面临着截然不同的际遇和困扰。研究者花费了大量的时间和精力来阐明金融对个体的生活、生命究竟意味着什么。一个基本的结论是：对那些处于较低社会阶层的群体而言，他们有着不起眼但对个体而言意义重大的"零散"的金融需求，金融能力构成了其获得稳定和体面生计的重要支撑，遗憾的是这些群体往往被现有的金融体系所排斥，金融需求难以得到有效的回应。在本章第一节里，我们将首先介绍一些关于金融的基本知识，包括金融的历史、金融的本质及其特

① 黄达：《金融学》，中国人民大学出版社，2003，第99—103页。

征，特别是我们会讨论从社会工作和人类服务的学科视域下，金融能力对于弱势群体来说何以成为一种必不可少的能力。第二节将探索金融与社会不平等之间的关系，在介绍相关理论的基础上，着重解释金融如何扩大了社会不平等，以及其对贫困人口生计所产生的影响。上述议题会延续到第三节的讨论中，我们将借用“金融排斥”的概念来描述贫困人口的“金融生存”境遇，澄清其需求，概述这些需求是如何被现有的金融体系所漠视的。在第四节中，我们将从金融反贫困社会工作的视角，讨论社会政策体系、非政府组织、社会工作者为回应贫困人口的金融需求可以做些什么。

第一节　现代金融世界的兴起

在本节中，我们首先对金融发展的历史做一个简单的介绍，继而讨论现代金融体系的构成，以及现代金融对经济体系高效运行所发挥的重要作用，最后转向现代金融世界的兴起对不同经济社会地位的个体命运与福祉所产生的复杂影响。特别是我们将尝试解释在现代社会中弱势群体的金融福祉面临何种挑战，以及为何金融能力对弱势群体而言是一种必不可少的能力。

一、现代金融体系的诞生

知识界一般认为，金融的起源可以追溯到货币和信用的发展。在现代资本主义市场经济诞生之前，货币和信用均保持着相互独立的发展状态①。

① 黄达：《金融学》，中国人民大学出版社，2003，第103页。

市场流通中的货币形态大致经历了三个阶段：最初的实物形态、随后的金属铸币形态以及后来的信用货币形态。

在前资本主义社会，信用的存在形式主要是实物借贷和货币借贷。随着商品经济关系的发展，尽管货币借贷日益占据着重要的地位，但并没有完全取代实物借贷，货币的发展依然与信用保持着相互独立的状态。伴随着资本主义经济的发展，西欧诞生了世界上最早的现代银行，并出现了一种全新的支付形式——银行券，用于更好地满足当时商品生产的迅猛发展对货币的强烈需求。银行券由银行家签发，持有者随时可以兑换成金银铸币。与此同时，在银行存款业务的基础上形成了存款货币，主要用于大额交易的结算。银行券和存款货币实质上都是一种特殊类型的信用货币。至18—19世纪时，尽管主要的资本主义国家仍然保留了一定数量的贵金属铸币用于流通，但其范围和规模已经急剧缩小。而到了19世纪末20世纪初，在市场上流通的贵金属铸币已经很少，中央银行收拢了大量的金银，信用货币制度日趋完善。此时，货币制度与信用制度的联系已密不可分，但是由于贵金属铸币仍在一定范围内流通，表明货币制度相对于信用制度的独立性并没有完全消失。直到第一次世界大战之后，贵金属铸币才在发达的资本主义国家退出历史舞台。20世纪30年代的世界性经济危机后，发达的资本主义国家相继放弃了金本位制，实施了不再兑现的银行券流通制度，标志着货币制度相对于信用制度的独立性已经完全丧失，现代金融体系正式诞生①。

黄达教授指出，现代金融体系是有关资金的流动、集中和分配的一个体

① 以上内容整理自黄达：《金融学》，中国人民大学出版社，2003，第103—105页。

系，大致可以分为五个构成要素：货币流通、金融机构、金融市场、金融工具、金融制度和调控机制。（1）货币流通：在国家货币制度管理规范下执行价值尺度、流通手段、贮藏手段、支付手段和世界货币功能。（2）金融机构：通常包括银行与证券公司、保险公司、信托公司、基金管理公司等非银行金融机构。（3）金融市场：如货币市场、资本市场、外汇市场、保险市场和金融衍生品市场等。金融市场的主要参与者是金融机构。（4）金融工具：指随信用关系的发展而产生发展起来的具有法律效力的契约。金融工具是金融机构和金融市场交易的对象，通常也被称为金融产品、金融资产，绝大多数的金融工具具有不同程度的风险。（5）金融制度和调控机制：为了防范和化解各种金融风险，促进金融市场平稳健康运行，以保障经济的持续性发展，国家出台了一系列金融管理制度，包括货币制度、汇率制度、利率制度、信用制度、金融机构制度、金融市场制度、金融监管制度等各项制度①。可以说，金融的发展以及现代金融体系的形成经历了漫长的历史，并逐渐与经济的发展形成了相互依赖、相互促进的关系。

二、金融的含义与功能

对金融含义的准确把握及对其本质的清晰认识，有助于我们更好地理解金融在现代经济中究竟扮演了什么样的角色，从而澄清为何现代金融体系的兴起能给个体的福祉和潜能实现带来复杂且重要的影响。

（一）金融的含义

关于金融的含义，历来众说纷纭。美国经济学家斯科特·贝斯利

① 黄达：《金融学》，中国人民大学出版社，2003，第106—107页。

(Scott Besley)和尤金·F. 布里格姆(Eugene F. Brigham)在《金融学原理》一书中提出，金融是有关资金，或者更确切地说，是有关现金流的决策。金融决策主要是关于企业、政府、个人如何筹集和运用资金。在黄达主编的《金融学》一书中，其对金融的定义则是从它的构成来阐释的。他认为，金融大体包括与物价紧密联系的货币流通、银行与非银行金融机构体系、短期资金拆借市场、资本市场、保险系统以及国际金融等领域。由此，可对金融做出以下界定：凡是涉及货币供给，银行与非银行信用，以证券交易操作为特征的投资、商业保险，以及以类似形式进行运作的所有交易行为的集合。[①] 布鲁斯·G. 卡拉瑟斯(Bruce G. Carruthers)和詹克哲·金(Jeonq-Chul Kim)在《金融社会学》[②]一文中围绕金融活动的行动框架及其主要行动者对金融进行定义，指出金融涉及四个相互关联的要素：行动者、行动、行动背景和行动框架。行动者由个人组成，可以是借款人、贷方、投资者、银行家、交易员等，也可以是组织参与者，包括银行、养老基金、保险公司、税务机关、对冲基金、典当行、风险投资基金、信用合作社等。有时，一个行动者的行动构成了其他人行动的背景，导致他们之间存在复杂的嵌套关系。

综合上述关于金融含义的界定，我们不难发现，金融从经验表达的层面，通过货币流通将金融机构和个体紧密联系在金融市场这个大平台上，在宏观上发挥着促进要素有效配置、提高经济发展效率的作用。在后文中，回到个体的生活世界，我们将进一步讨论金融之于个体生命的意义。

---

① 黄达：《金融学》，中国人民大学出版社，2003，第105—106页。

② Bruce G. Carruthers, Jeong-Chul Kim, "The sociology of finance," *Annual review of sociology* 37(2011): 239-259.

（二）金融的功能

大致而言，金融在“重新配置资源、平衡供给和需求、传导货币流通、服务实体经济、创造信用和价值”等方面发挥着重要的作用。就其本质而言，金融与信用息息相关，是信用的创造，即通过信用创造能够把精神性的东西转化为实质性的产品及财富增长的工具，并由此来推动社会经济发展与繁荣。在实践层面，金融为资金充裕者提供理财渠道，促进资本增值，为急需资金的市场主体开辟融资渠道，改善其经营条件。可以说，金融是资本配置的桥梁与纽带。但金融活动往往与不确定性相伴而生，即任何金融活动都会关涉风险的议题。从宏观尺度来讲，金融能够助力实体经济繁荣，但也可能会积累泡沫，从而引发金融危机。从个体层面来讲，理性的金融行为能够促进个人潜能的实现，而非理性的金融活动则往往会导致个体出现资产危机。

1. 对经济发展的作用

前文已述，金融的本质是货币与信用的融合，是商品交换与市场经济发展到一定阶段的产物。在现代市场经济体系中，金融已然成为核心议题之一。罗伯特・C. 默顿（Robert C. Merton）从金融体系的整体性视角出发，指出任何金融体系的主要功能都是为了满足不同国家或地区在充满不确定性的环境中，以及在不同的时间内配置和使用资源的目的。默顿进一步指出金融体系可以区分为六个核心功能：清算和支付结算，聚集和分配资源，在不同的时空和行业间转移经济资源，管理不确定性和控制风险，金融系统提供的价格信息有助于协调各经济部门的分散决策，以及当金融交易的一方拥有另一方没有的信息时，金融系统提供了一种处理信息不对称和解决激励问题的方法①。

经济学家强调，金融从多个层面促进了经济增长②。首先，货币的出现降低了交易费用，扩展了交易的深度与广度，同时也促进了社会分工的进一步发展。而社会分工对经济发展的重要性则表现在劳动生产率的提高，即等量的资本、人力投入会带来更高的产出。更为重要的是，货币的出现使得储蓄与投资的分离和融合成为可能。储蓄与投资的分离会使一些人的投资超过储蓄，另一些人会产生盈余，从而提升投资的效率，起到经济增长加速器的作用。其次，有组织的金融机构和金融市场的出现，进一步清除了储蓄向投资转化道路上的障碍，这主要是因为银行作为中介，可以更加有效地集中和组织社会剩余资金进行投资，而投资是驱动经济增长的"三驾马车"之一，投资的扩大可以显著带动经济的增长。此外，金融中介机构也起到了"代理监督"的作用，代表存款者对投资项目进行监督，这样既可以大幅降低监督的总成本，提高金融效率，也可以在一定程度上降低投资风险，从而有利于经济的健康发展。最后，在金融市场中，有效的分配手段③拓宽了可贷资金的市场广度，让更多的投资项目相互竞争，从而提高资源的配置效率④。可贷资金市场广度的拓宽，则提高了贷款者金融资产的边际效用，从而有助于提高他们的投资水平。总之，金融体系的出现促进了储蓄率和生产率的

---

① Robert C. Merton, "A functional perspective of financial intermediation," *Financial management* 24(1995): 23 - 41.

② 彭兴韵:《金融发展的路径依赖与金融自由化》,上海三联书店、上海人民出版社,2002,第9—19页。

③ 分配手段是指通过资本市场中类似于经纪人和证券交易所等,将储蓄有效地在借款者之间进行分配。

④ [美]约翰·G.格力、[美]爱德华·S.肖:《金融理论中的货币》,贝广多,译,上海人民出版社,2006,第109页。

提高，降低了信息成本和监督成本，提高了资源的配置效率，从而激发了经济增长的活力。

2. 金融与现代生活

金融不仅对经济的发展起到了至关重要的作用，而且还迅速渗透到现代社会生活的众多领域。特别是随着数字金融时代的来临，金融加速延伸到个体生活的方方面面。可以说，金融为现代人提供了各种便利，与人们的生活息息相关。无论是办理储蓄业务还是购买基金股票，抑或是购买各种形式的保险产品，人们都免不了与银行、证券机构和保险公司等各种各样的金融机构打交道，同时也会直接接触到像汇票、信用卡等常见的金融工具。在消费金融化的浪潮中，随着人们收入水平的提高和消费观念的转变，不少人从银行申请到贷款来买房买车或者进行其他超前消费，这些行为都已经成为司空见惯的现象，正所谓“花明天的钱圆今天的梦”，这一现象的发生显然离不开金融的作用，恰恰是现代金融世界的兴起使其变得更为方便。而移动互联网技术的兴起与普及，则助推了金融服务质量的大幅度提升，更加便利了人们的生活，提高了人们的生活水平，比如移动支付的广泛应用简化了支付过程和减少了现金的结算，网上缴费与转账则使人们不再需要为此疲于奔波。除了为日常生活提供了极大的便利外，金融还在时刻保障着我们的资金安全，可以把家庭储蓄存入银行而不用为其担忧，或是选择收益率更高的企业债券或股票实现资产的增值。此外，人们购买的各种形式的保险可以在突发事件发生时联系保险公司理赔，从而将造成的损失降到最低，起到了规避风险的作用。因此，金融对于我们的日常生活而言可谓须臾不可或缺，如若没有金融的存在，很多生活功能将变得十分低效甚至根本无法实现，从而影响到个体的经济福祉，我们的现代生活也势必黯然失色。

对于贫困群体来说，金融同样不可或缺，而且尤为重要。之所以这么说，是因为金融在帮助贫困群体维持最基本的生活，甚或是摆脱贫困方面发挥着至关重要的作用。贫困人群收入低且不稳定，他们不仅需要以有限的收入来支付日常生活费用，还需要支付像子女教育、新建或修缮房屋、婚丧嫁娶等巨额支出，这往往使他们捉襟见肘，倍感生活的艰辛，更不用说因意外事故或突发疾病所导致的一系列花销，让他们原本难以为继的生活雪上加霜。如若他们也能较为充分地享受到各种金融服务，将平日里积攒的、为数不多的钱存入银行以应对不时之需或仅是积累资产，抑或有人顺利地从金融机构获取小额贷款发展生产，并购买适合他们的保险产品，那他们遇到的上述难题则将迎刃而解。因此，对贫困群体来说，金融能力是其不可或缺的一种能力。

不难发现，金融已向现代社会生活的各个领域渗透，对现代人的生存和发展有着至关重要的影响，金融不仅代表一整个经济社会，甚至成为社会运转不可或缺的要件和个体福祉的重要组成部分。然而，金融的复杂性就在于，对不同经济社会地位的群体来说，金融福祉的实现能力和实现程度存在着明显的差异。在下一节中，我们将着重讨论金融与社会不平等的议题，从社会学和社会工作的学科视角，理解贫困群体的金融福祉。

第二节　金融发展与社会不平等

现代金融世界的兴起对个体命运产生了重大的影响，特别是从社会不平等的角度来看尤其如此。那么具有不同经济社会地位的群体在金融化时代的个体际遇是否相同？大体而言，关于金融发展与社会不平等的关系，学术界形成了三种具有代表性的观点：一是认为金融发展可以缩小社会不平等；二是认为金融发展扩大了社会不平等；三是发现金融发展与社会不平等之间呈现“倒U型”的关系，即先是加剧了社会不平等，继而随着金融深化，社会不平等程度逐步减弱。其中，占据主流地位的观点是金融发展是社会不平等的放大器，并且研究者进一步发现有多重机制在加剧社会不平等中发挥了作用，包括金融中介服务、信贷市场、劳动力市场以及金融工具与信用能力的分化等。

一、金融发展与社会不平等的关系

关于金融发展与社会不平等之间的关系的研究，学术界并未达成一致意见。但大致而言，既有研究可以划分为三种不同的观点。

（一）缩小社会不平等说

持此观点的研究者认为，金融发展可以通过促进经济增长带动更充分的就业，从而间接促进社会普遍福祉的提升。同时，在金融工具的助力下，全社会和家庭的教育与健康等人力资本投资，都将有助于促进个体潜能的实现和福祉的提升，促进社会流动，以及提高劳动生产率。此外，金融发展能够为减少贫困提供有效的支撑，以发掘人的潜能。具体来说，一方面，金融发展可以促进经济增长，从而带动就业，促进普遍福祉的实现，特别是如果在促进金融发展的同时有效规制其活动边界和运行方式，将有助于实现更快和持续的经济增长，从而促进投资活动的开展，通过创造就业机会直接增加贫困人口的收入；另一方面，金融为教育和健康等人力资本建设提供了支撑，能够促进个体潜能的实现，有利于困难群体通过人力资本投资实现正向的社会流动。因此，金融能够成为有效的减贫工具，在缓解收入和财富不平等、纾解因收入不平等造成的各种社会问题方面显示出巨大价值。另外，金融的发展也有利于高通胀事件中大多数以固定薪金为生的贫困人口，因为金融发展会减少高通胀事件的发生，而通货膨胀会严重损害这些人的利益①。不难发现，上述观点主要是从金融发展的间接效应来解释的，认为金融发展不仅能使富裕人群受益，贫困人口也能从中受益，甚至他们的获益超过其他人群，从而有利于缩小社会不平等。

（二）加剧社会不平等说

另有研究者注意到金融发展加剧了社会不平等，其机制包括：金融机构可能会收取高额的金融服务费用，这超出了贫困人口的承受能力，对于贫困人口而言，金融服务的可及性因此不足。同时，金融市场中存在着显著的信息不对称问题，为了降低因信息不对称而带来的交易成本，金融机构往往倾向于限制贫困人口获得贷款，因为他们没有抵押品，也没有信用记录②，属于“低金融价值”的群体。因此，贫困人口无法从金融发展过程中获益。此外，由于贫困人口受教育程度不高，正规金融部门似乎不喜欢为这种没有受过教育或受教育程度低的人提供贷款。因此，在许多高收入国家，金融部门在金

① Shahbaz Muhammad, et al, “Financial development and income inequality: is there any financial Kuznets curve in Iran?” *Social Indicators Research* 124(2015): 357–382.

② Behrman Jere R., et al, “Economic policy changes and wage differentials in Latin America,” *Economic Development and Cultural Change* 56(2007): 57–97.

融服务方面具有二元性①。

有学者根据1952—2003年的数据发现，在相当长的一个历史时期内，金融发展不仅没有对农民收入的增长起到促进作用，反而起到了抑制作用，这直接导致城乡收入差距的扩大和城乡二元结构的强化②。此外，金融的发展也可能扩大城乡居民收入分配的差距③。改革开放以来，我国城乡居民的收入差距逐渐加大，不可否认，金融在其中发挥了加速器的作用④。还有学者直截了当地提出这样的观点，即“金融工具及围绕它所建立起来的金融体系和相关的社会政策是使转型社会的不平等得以维持的一个重要机制”⑤。

（三）“倒U型关系”说

这种观点认为金融发展与社会不平等之间并不是简单的线性关系，而是呈现出了“倒U型关系”，在学术领域，这一观点被称为Greenwood-Jovanovic命题⑥。该命题以库兹涅茨假设（Kuznets' hypothesis）为基础，从经济发展和金融结构之间彼此联系的视角出发，基于实证研究提出了金融发展与社会不平等之间的“倒U型关系”的观点。具体而言，在经济发展的早期阶段，金融市场几乎不存在且增长较为缓慢，这一时期，金融对社会不平等所起的作用微乎其微。随着经济增长和金融中介机构的充分发展，储

① Claessens Stijn, “Access to financial services: A review of the issues and public policy objectives,” *The World Bank Research Observer* 21(2006): 207 - 240.

② 温涛、冉光和、熊德平：《中国金融发展与农民收入增长》，《经济研究》2005年第9期。

③ 张立军、湛泳：《我国金融发展与城镇居民收入差距的关系》，《财经论丛（浙江财经学院学报）》2005年第2期。

④ 曾康霖：《再论扶贫性金融》，《金融研究》2007年第3期。

⑤ 王水雄：《金融工具、信用能力分化与社会不平等》，《社会》2007年第1期。

⑥ Greenwood Jeremy, Jovanovic Boyan, “Financial Development, Growth, and the Distribution of Income,” *Journal of Political Economy* 98(1990): 1076 - 1107.

蓄率进一步提高，高收入群体和低收入群体的收入差距也在逐渐扩大。经济发展步入成熟期后，广泛的金融基础设施已经建立起来，金融制度体系也日益完善，收入分配格局趋于稳定，储蓄率下降，贫富差距缩小。总体而言，在金融发展的早期阶段，信贷市场不够完善，贫困人口面临着借贷困难且成本高昂的问题，无法获得更好的人力资本投资，与富人之间存在较大的收入差距；但金融的发展使贫困人口更易获得金融服务，受益更多，因此弱化了社会不平等的程度①。总之，在经济发展的早期阶段，金融发展确实扩大了贫富差距，这是不可否认的，造成这一状况的原因主要是金融发展不够完善；但只要越过拐点，金融发展到一定阶段就会有益于贫困人口积累财富，从而缩小与富人之间的收入差距，有利于弱化社会不平等程度。因此，从长远来看，金融发展似乎对贫困群体来说还算是有益的。

（四）小结

金融发展与社会不平等之间的关系历来是经济社会议题论辩的热点，也是金融社会政策的基本出发点。上述三种观点之间的差异，与其说体现了研究视角、研究案例和研究方法的差别，不如说是展现了金融发展与社会分化、社会不平等之间的复杂机制。一方面，我们必须承认金融对促进经济繁荣的巨大价值，以及对促进个体潜能实现的积极意义；另一方面，我们也要看到，对处于不同经济社会地位的群体而言，他们获得金融福祉的条件和

① Galor Oded, Zeir J., "Income Distribution and Macroeconomics," *Review of Economic Studies* 60(1993): 35 - 52; Banerjee Abhijit V., Andrew F. Newman, "Occupational choice and the process of development," *Journal of Political Economy* 101(1993): 274 - 298; George R. G., et al, "Finance and Income Inequality: What Do the Data Tell Us?" *Southern Economic Journal* 72(2006): 578 - 596.

能力存在着明显的差异。特别是由于现实中不同经济社会地位的人自身所具备的金融知识与金融能力存在很大的差异，在现代金融化浪潮中，他们面临的机遇与障碍也明显不同，这就导致了他们从中获益程度的深浅也很难达到较为均衡的状态。或者换句话说，在金融迅猛发展的过程中，社会成员在既有社会结构中所处的位置与其所掌握的知识和能力的不平等，往往可能直接造成社会的不平等，甚至社会不平等程度还会因此而进一步拉大。再考虑到金融自身“嫌贫爱富”的特性，因此，从总体上看，金融的发展并不能必然缓解社会不平等，反而会加剧社会不平等。在后文的讨论中，我们还将进一步阐释金融不平等发生的机制。

二、金融发展影响社会不平等的机制

金融的发展如何加剧社会不平等？其影响社会不平等的传导机制可以分为直接效应和间接效应。直接效应源于其为个体提供的金融中介服务的差异性会直接影响社会不平等；间接效应则是体现在金融发展通过影响信贷市场和劳动力市场间接地影响到社会不平等。换言之，金融发展影响社会不平等是通过对个体提供的金融中介服务的差异性而直接呈现的，而其所影响的信贷市场和劳动力市场则是以间接的方式表明了社会不平等。此外，金融工具与信用能力的分化也导致了社会不平等。

（一）金融中介服务

金融中介服务可以帮助客户有效配置资金以规避风险，并能获得一定的收益，但参与金融服务活动的前提条件是必须拥有一定数量的资金与具备基本的金融知识。然而贫困人群收入水平偏低，家庭储蓄偏少，整体掌握的金融知识不足，缺乏足够的金融能力，这就限制了他们用恰当的方式获取所需金融服务的机会。加之金融机构的设立与服务对象似乎更倾向于富裕人群，其中相当一部分人员成为各大金融机构竞相争夺的优质客户，富裕人群由此可以获得高质量的金融服务，并从中为自身谋取更多的利益。而对于贫困人群来说，金融机构则有意无意地忽略了其对于金融服务的需求；此外，商业化金融机构本质上以营利为目标，考虑到经营成本与利润的问题，这些商业化金融组织甚至对贫困人口占比较高地区的分支机构进行大规模裁撤，这进一步降低了贫困人群获取金融服务的可能性。随着金融体系的迅猛发展，金融市场分化造成的"马太效应"会愈加明显，贫富差距进一步拉大，从而加深社会的不平等程度。

（二）信贷市场

商业化金融服务的本质是逐利，风险控制是所有金融产品最为核心的维度。因此，金融机构建立了抵押、担保、授信等机制来降低金融产品运行中可能出现的风险。而由于贫困人口没有足够的抵押物，也没有信用记录，这就导致贫困人口很难从正规的金融机构中取得所需的贷款。对那些想要创业致富以改变自身命运的贫困人口来说，资金短缺成为他们创业致富的最大障碍，即使他们面临较好的市场机遇也不得不忍痛放弃，这无疑剥夺了他们通过自身的勤劳智慧创造美好生活的权利。

除了贷款创业外，信贷市场机制导致的社会不平等还体现在人力资本投资的不平等上，从而影响到不同人群后来的职业选择。人力资本投资主要包括两种类型：一种是对教育和专业技能的投资，另一种是对健康的投资。富裕人群自然不会为这两类人力资本投资而犯愁，但对贫困人口来说，情形则大不相同。贫困人口生活困难，家庭的经济能力往往不足以长期承担子女及其他家庭成员的人力资本投资费用，明显表现为一些贫困家庭子女在完成义务教育后就离家外出务工以缓解家庭经济压力等。特别是由于人力资本投入和产出往往呈现正相关的关系，从而发生了贫困的代际传递。

（三）劳动力市场

金融发展提高了资本要素配置的效率，对社会总产出的增长产生了积极作用，这将在一定程度上改变劳动力市场对具有不同技术水平的工人的需求，从而对工人的收入水平产生影响。但值得注意的是，金融发展究竟会缩小还是扩大社会不平等则主要取决于劳动力市场是增加了对低技术工人还是对高技术工人的需求。总的来看，各国的金融发展并没有使更多的贫困人群获得金融服务和信贷支持，同时伴随着经济发展的转型升级，劳动力市场减少了对低技术工人的需求。在此基础上，金融发展在助推产业升级的过程中，如果没有积极的就业政策和人力资本建设政策的跟进，那么对于贫困群体来说，就会产生不利的影响。

（四）金融工具与信用能力的分化

从社会学视角来看，金融工具以货币这一群体承诺标识物为基础，而信用能力或许可以理解为社会主体通过向他人提供承诺标识物而获取资源的能力①。在现代社会，信用能力的强弱往往由拥有财富的多寡和社会地位的高低来决定，而不再取决于传统社会中个人的诚信程度，这是由于现代社会已经成为滕尼斯(F. Tonnies)所言的陌生人社会，因此信用能力结构与社会

① 王水雄：《金融工具、信用能力分化与社会不平等》，《社会》2007 年第 1 期。

地位结构趋向一致，那些社会地位较高、掌握较多社会财富的人群凭借其拥有的广泛认可的承诺标识物，借助金融工具和其他运作机制，可以攫取更多的好处。反观贫困群体等社会弱势群体，其所拥有的承诺标识物不足以为社会公众所认可，从而以此为基础获取资源的渠道不可避免会受到限制。结果就出现了这样的局面：各种不同金融工具的出现和信用能力的迅速分化虽然极大地推动了经济的快速发展，但也造成了“穷者愈穷，富者愈富”的后果，从社会长期发展来看，势必会阻碍经济的持续发展，并引发一系列社会问题。

总之，金融的发展会通过多种机制直接或间接作用于社会结构，凸显了“强者愈强，弱者愈弱”的马太效应逻辑，从而进一步加速社会的分化，造成社会不平等程度不断加深。因此，从促进社会公平正义、增进公共福祉的角度来讲，我们需要深刻认识金融发展对社会不平等的影响机制，体认贫困群体获取金融福祉面临的困境，进而寻求有效的干预和回应。

第三节　贫困人口的金融需求与金融排斥

金融服务、金融能力对于贫困人口实现可持续生计、摆脱贫困、改善生活及实现个体价值至关重要，但现代金融体系的运行逻辑，系统地漠视了贫困人口这些“零散、细微”的金融需求。就此而言，贫困群体面临着结构性的“金融排斥”问题。本节将首先尝试更加充分地理解贫困人口的相关金融需求，继而讨论金融排斥问题，并将金融排斥的表现形式及其内在逻辑展示给读者。

一、贫困人口的金融需求

需求是社会政策和社会工作研究的基本概念，甚至可以理解为研究和实务工作的出发点。社会工作与社会政策的专业使命在于协助有需要的人，尤其是弱势群体、受压迫者与贫穷者，满足其基本需求，增进人类的福祉①。金融福祉自然也是贫困人口众多需求中的一个方面，但是我们很容易设想贫困人口往往没有储蓄或者只有很少的储蓄，因此他们似乎没有金融需求，也不需要金融服务。然而事实却不是如此，贫困人群往往是十分细致的金钱管理者，精打细算着个人和家庭的经济事务——虽然他们往往陷入某种低水平均衡的状况及刘易斯所言的贫困亚文化。这是由于较少的收入通常是不足够且不稳定的，他们需要更有效地利用有限的收入来维持日常生活，“精打细算”就成了他们维持日常生活而不得已选择的一种必要的生存路径。除了维持日常生活开支，他们还要应对事先未预料到的突发情况以及对生命历程中必不可少的重大事件的支出，如建房、嫁娶、丧葬等，这对他们来说构成了较大的财务压力。特别是在风险社会的背景下，贫困人群在应对各类突发意外时，相较于其他人群显得尤为脆弱。例如，因家人突发疾病去医院治疗而负债累累，甚至会因经济拮据而放弃治疗，使病情进一步恶化，这些都给原本濒临困境的家庭造成了更大的打击与伤害。

（一）储蓄服务

众多研究表明，贫困群体之所以储蓄率低，并不是因为他们缺乏储蓄的

---

① 黄进、玛格丽特·谢若登、邹莉：《普惠金融与金融能力：美国社会工作的大挑战》，《中国社会工作》2018 年第 28 期。

意愿，而是缺乏储蓄的机会和充足的激励①。事实上，贫困人群也有储蓄需求。贫困人群需要将他们积攒的数额较小的钱存到安全的地方，以为将来的生活开支做准备或应对不时之需。他们所需要的储蓄服务往往是可以存储小额存款的，需要金融机构距离他们的住所较近，方便满足他们对储蓄服务的需求。与其他社会人群一样，贫困人口所需要的存款储蓄也具有不同的存款期限及所对应的不同利率收益。在一些情况下，贫困人口还需要一些短期储蓄产品，以应对突发情况或是充分利用投资机会，以保障他们的基本生活而不至于陷入危机，或者是提高收入水平早日摆脱贫困。如果他们是为了购买房产或者是支付子女未来的教育费用，那么他们则更倾向于选择长期储蓄。同时研究者还发现，贫困群体的储蓄也可以分为两类，即谨慎储蓄和积累储蓄②。谨慎储蓄旨在为未来生活的不确定性如突发疾病或因意外事故住院、养老等提供一份保障。积累储蓄则主要是用于子女上学、修建房屋和婚丧嫁娶等。简而言之，储蓄服务提升贫困人群的生活质量主要体现在三个方面：提高生产率、满足消费需求以及减少突发事件造成的冲击③。对于贫困人口来说，储蓄是处置结余资金的首选方式。其原因包括以下几个方面：一是储蓄虽然收益较低，甚至可能由于通货膨胀而导致实际的收益为负，但是其资金安全性较高，这主要是由贫困人群自身的抗风险能力

① Adams D. W., "Filling the Deposit Gap in Microfinance." Paper for the Best Practices in Savings Mobilization Conference, Washington, DC, 2002.

② 农村金融研究课题组：《农民金融需求及金融服务供给》，《中国农村经济》2000年第7期。

③ Ledgerwood Joanna, Julie Earne, Candace Nelson, *The new microfinance handbook: A financial market system perspective*, Washington DC: World Bank Publications, 2013: 51-59.

低的特性所决定的；二是贫困人口所掌握的金融知识相对较少和金融能力水平相对较低，对于其他理财方式，贫困人口所掌握的信息不足；三是储蓄相对于其他理财方式而言更加简便易行。

（二）信贷服务

绝大多数贫困人口存在资金需求，部分贫困人口可能是将借贷来的资金用于从事小规模的种植、养殖或开办小餐馆等生产经营性活动，从而发展可持续的生计，增强自身的发展能力。当然还有其他贫困人口主要是将借贷来的资金投入了非生产性领域，如子女上学、家人生病住院等各种情况，但是这笔资金对于贫困人口家庭来说同样是至关重要的，可以帮助他们缓解燃眉之急，渡过难关，抑或是积累人力资本，提升发展能力，有助于贫困家庭经济脆弱性问题的解决。当然这笔资金在数量上可能并不是很多，但对于贫困群体来说，其重要性不言而喻。甚至可以这样说，为贫困群体提供信贷服务是与贫困斗争的有力工具①。

（三）保险服务

贫困群体的生计和生活具有较高的脆弱性，并且在突如其来的风险面前应对能力尤其薄弱，这些突如其来的风险包括疾病、意外事件导致的死亡或残疾、因火灾或自然灾害造成的财产损失以及其他各种天灾人祸。为了应对危机给家庭造成的冲击，他们需要一套有效的支持体系来分散风险，以免在灾难发生后整个家庭陷入困境。就此而言，保险服务对于保障贫困群体的生活至关重要，甚至可以说是他们的“安全网”。保险可以有效降低贫困家庭的脆弱程度，使贫困家庭只需支付少量费用就可以在意外发生时获

① 杜晓山：《小额信贷的发展与普惠性金融体系框架》，《中国农村经济》2006 年第 8 期。

得一定补助。

在贫困人群中，农村人口占有相当程度的比例，他们对农业保险也有较为强烈的需求，这主要是因为农业收入对家庭收入而言是不可或缺的重要组成部分，对于完全依赖或主要凭借农业收入维持生计的农村贫困人口来说尤其如此。与此同时，由于农业具有较长的生产周期，对自然条件的依赖程度高且风险系数大，很容易遭受各种自然灾害的威胁，如水灾、旱灾、病虫害等，会直接导致农业减产甚至绝收。此外，农业产品市场价格的波动也往往会对农村贫困人群产生较大的影响。简言之，农业保险具有分散农业风险、稳定农村贫困人群收入、为农业信贷提供担保的功能①。

对于贫困人口而言，金融服务甚至是必需的，尤其从帮助其走出贫困的层面来说，这种需求甚至远远超过其他人群，而贫困人口的金融服务需求也存在多层次性和多样性的特征，从另一方面也说明了获得金融服务和金融能力对于贫困人口的可持续生计、摆脱贫困和改善生活至关重要。

二、贫困人口面临的“金融排斥”

如前文所述，贫困人口并非无金融需求者，恰恰是金融服务有助于帮助其维持生存和摆脱贫困。但由于贫困人口的金融需求往往是零散而细微的，在现实社会生活中得不到有效满足，这也是社会不公平的一种表现。究其原因，是现代金融体系的运行逻辑系统地漠视了贫困人口的金融需求，即贫困人口面临着结构性的“金融排斥”问题。

① 冯文丽：《我国农业保险市场失灵与制度供给》，《金融研究》2004 年第 4 期。

（一）何谓“金融排斥”

所谓“金融排斥”（financial exclusion），也称为金融排除，指“社会弱势群体自身没有能力进入金融服务体系，缺少足够的方式和途径接近金融机构，在享有金融产品和服务方面存在很大的困难和障碍，是实现金融赋能与资产建设的重要阻碍”①。研究者指出，金融排斥也可被视作社会排斥的子集，具体表现为被金融排斥的居民常常也会在其他方面被否认和排斥，从而进一步加深其他方面的社会排斥②。从成因来看，金融排斥一方面是社会弱势群体自身的特性造成的，但从更深层次来说，则是源于外部制度环境。

（二）金融排斥的形式和表现

金融排斥的形式和表现呈现出多维度特征。根据坎普森（E. Kempson）和维里（C. Whyley）等人的研究，金融排斥可分为地理排斥、评估排斥、条件排斥、价格排斥、营销排斥和自我排斥六个维度③。其一，地理排斥，指的是金融服务的可及性不足，尤其是贫困人口和贫困社区往往难以享受到“家门口”的金融服务。由于空间上的距离，贫困人口需要花费比较长的时间才可以找到能够提供金融服务的机构，而这段时间对于贫困人口来说，显然代价高昂，这意味着他们不得不放弃劳作和收入，而这些收入的损失可能是贫困群体难以承受的。前文已述，这种地理排斥的现象之所以广泛存在，是因为商业化的金融机构在逐利动机和避害动机的驱使下，没有意愿将金融服务

① 方舒、兰思汗：《金融赋能与资产建设——金融社会工作教育、研究与实务国际研讨会综述》，《开发研究》2019 年第 2 期。

② Kempson H. E., et al., *In or out? Financial exclusion: A literature and research review*, London: Financial Services Authority, 2000: 9.

③ IBID。

向贫困地区和贫困社区延伸。其二，评估排斥，即正规金融机构往往会对前来获取金融服务的经济主体进行风险评估，而贫困人口由于储蓄少，且几乎没有信用记录，经常被施加准入限制，从而无法获取自身所需要的金融服务。其三，条件排斥。经济主体所获取金融产品的附加条件不尽合理，从而提高了准入门槛。其四，价格排斥。人们发现贫困人口能够接触到的金融服务往往价格高昂，这自然会影响到金融对贫困人口的生产生活的支撑作用。背后的原因耐人寻味，恰恰是因为这个群体在商业化金融机构看来是“无价值”的，所以针对这个群体提供的金融服务就更显得稀缺，因而价格也就更加高昂。其五，营销排斥。由于贫困群体在商业化金融机构看来是缺乏价值的群体，自然不会被涵盖在商业化金融机构的产品开发和产品营销目标体系中。其六，自我排斥。某些经济主体在被正规金融机构拒绝提供金融服务，或是听说周围人有过此类经历后，对从正规金融机构获取金融服务产生了怀疑，从而主动将自身排除在主流金融体系之外。自我排斥还有一种情况是经济主体对自身所具备的金融能力不自信，不相信自己能从主流金融机构中获取金融服务。但是从更深层次来讲，自我排斥仍然是金融机构前五种排斥机制造成的。

以上六个维度共同构成了金融排斥的复杂集合。实际上，评估排斥、条件排斥和价格排斥亦可看作营销排斥的进一步细化；金融排斥则可以理解为包括地理排斥、营销排斥和自我排斥三个维度。从金融排斥的影响因素层面考虑，又可分为主体因素（自我排斥）和外部因素（地理排斥和营销排斥）两类。

在日常生活中，贫困人口进入正规金融机构获取金融服务往往并不容易，一方面是由于贫困人群不具备正规金融机构所要求的贷款条件，如抵押品和信用交易记录等；另一方面是因为从正规金融机构贷款通常需要更高的交易费用，而且会在交易过程中受到歧视①。举例来讲，几乎没有金融机构愿意为贫困群体新建或修缮房屋提供贷款，尽管对于贫困群体来说这笔贷款可以显著改善居住环境，提升生活水平，但是金融机构负责人考虑的却是这些大型项目承担了巨大的风险和成本，对他们来说得不偿失。归根结底，这是由商业化金融体系的风险规避逻辑和逐利性所导致的。

从区域层面来看，农村地区的贫困群体面临的金融排斥形势相较于其他人群往往更为严峻。随着农村金融市场的逐步开放和市场化经济的不断深入，针对经济欠发达地区信贷服务需求低、信息评估成本高等特征，商业化金融机构在逐利目的的驱动下，势必会减少此类地区的营业网点，从而进一步加剧经济欠发达地区的金融排斥②。此外，农村贫困人群所渴望的农业保险需求也往往得不到有效的满足。由于农业生产具有周期长、风险性高等特点，农业保险经营人为保证基本的盈利空间，往往会提高农业保险费率，但较高的保险费率使大多数从事农业生产的贫困人口无力承担，导致参保率较低，而赔付率又相对较高，为了保证基本的经营能力，农业保险经营人不得不削减部分农险险种，又进一步降低了参保率，造成恶性循环。有研究者指出，我国当前农业保险市场总体上呈现失灵状态，归根结底，除了农业保险市场面临着系统性风险之外，信息不对称所导致的逆向选择和道德

---

① 黄建新：《反贫困与农村金融制度安排》，中国财政经济出版社，2008。

② 董晓林、徐虹：《我国农村金融排斥影响因素的实证分析——基于县域金融机构网点分布的视角》，《金融研究》2012 年第 9 期。

风险也是不可忽视的原因[①]。

（三）金融排斥的内在逻辑

造成当前贫困人群面临金融排斥绝非偶然现象，而是有一套相对稳定的社会运作机制在其中发挥着关键性的作用。仔细剖析其社会机理，我们会发现，金融服务者、宏观政策与外部市场环境以及贫困群体自身这三方力量都在独自或共同参与形成金融排斥的格局，而不能简单地归咎于金融机构。

首先，从金融服务者的角度来看，贫困人口更少的资金流与较高的金融活动频次对于金融服务者来说成本高昂。因为较少的交易量往往也意味着较小的收入基数，贫困人口往往只有较低的储蓄金额，几乎没有能力承担债务，这对于以吸收储蓄和发放贷款来运营的银行来说几乎没有收益。与此同时，对于金融服务提供者来说，面向农村地区的贫困人口开展金融业务成本较高，农村贫困人口相对收入较低的特征限制了其对金融服务的选择，也不利于金融业务规模的扩大，特别是在人口密度低、难以接近金融市场和基础设施不完善的农村地区，这一点显得尤为突出。而且，农村地区由于经济基础单一且农作物受灾风险高，加之历史上由于农村信贷项目制度设计不完善，出现较多的“坏账”现象，金融机构负责人在向农村地区开展金融业务时难免顾虑重重。类似银行等金融机构的设立初衷主要是服务于企业和更富裕的人群，从来不是迎合贫困人口的需求，贫困人口也不可能成为以利润为目标的商业银行的融资对象。从金融的发展历程中就可看出这一点。尽

---

① 冯文丽：《我国农业保险市场失灵与制度供给》，《金融研究》2004 年第 4 期。

管现在已经出现了一些小额金融机构为贫困人口服务，但它们提供的主要是短期小额贷款，期望贫困人口以此完成小微企业投资以摆脱贫困，显然只是贫困人口众多金融需求的一个方面而已。

其次，从宏观政策与外部市场环境的角度来看，一些发展中国家在推动经济发展的过程中，往往采取重视城市而轻视乡村的发展路径，通过农业领域的积累来推动工业化发展。在金融政策领域，多采取金融抑制的政策取向，压缩农村金融服务的领域和规模，从而保障资金流向城市和工业部门。董晓林和徐虹在《我国农村金融排斥影响因素的实证分析——基于县域金融机构网点分布的视角》一文中对我国农村金融排斥形成的历史脉络做了较为翔实的梳理。该文指出，我国于1988年开始实施银行分支机构改革，四大国有商业银行逐步撤并大部分农村地区的分支机构，农村信用合作社也按照商业化经营的要求对其基层营业网点进行撤销与合并，这在很大程度上加剧了农村地区的金融抑制程度。2006年年底，在中国人民银行和中国银行业监督管理委员会（2018年3月被撤销，以下简称银监会）的倡导下，农村金融市场的"准入新政"出台；到2007年年初，银监会发文允许股份制商业银行在县级区域设立分支机构。这一系列措施预期通过放松对农村金融市场的管制、引入竞争机制来提高农村金融市场的效率，但放松管制及其带来的兼并、市场进入与市场退出等现象可能会对农村地区的金融市场产生震荡和冲击，不利于农村贫困人群获得持续稳定的金融服务①。

最后，从贫困群体的角度来看，贫困人口中的大多数成员往往缺乏基本

① 董晓林、徐虹：《我国农村金融排斥影响因素的实证分析——基于县域金融机构网点分布的视角》，《金融研究》2012年第9期。

的金融能力，具体表现在他们的受教育程度较低和所掌握的金融知识相对较少，对金融政策的了解也比较匮乏，从而导致这一群体基本与超出安全储蓄的“额外红利”无关。虽然金融市场的回报率可能要高一些，对贫困人口也有一定程度的吸引力，但是这一投资风险系数高，对贫困人口来说，因投资行为不慎导致的失败会使家庭陷入困境，这是他们难以承受的，因而面对金融市场高额的投资回报，他们往往也只能“望洋兴叹”，不敢“越雷池一步”。由此可见，相当一部分贫困群体没有能力进入现代金融体系，没有能力仅凭自身获得对他们而言必要的金融服务。因此，贫困群体自身的特性也是造成金融排斥的不可忽略的重要因素，即上文所提到的金融排斥的自我排斥维度。

可以说，在金融发展与经济发展日益密不可分的今天，金融排斥将部分个体和家庭从金融服务中排除，无异于剥夺了他们平等享受金融服务的权利，这也是社会排斥在金融领域的表现，这将不利于城乡间要素公平流动，不利于弱势群体生活状况的改善。首先，大批金融机构从贫困人口居住区撤出会引发投资减少、经济衰退、建设环境恶化等问题，除此之外还会激化社会问题，也会催生马太效应，导致区域发展不平衡进一步扩大；其次，被金融排斥的人群往往呈现空间聚集的特征，这会加深该群体共同的心理障碍，如对金融机构的不信任和不满①。毫无疑问，金融排斥所带来的社会后果是不容忽视的，尤其是金融排斥造成了对贫困群体而言明显的社会不平等与不公正，这十分值得我们关注与反思。由于贫困群体家庭所拥有的资产量较少，不具备必要的社会关系或不够缴纳“金融租金”的门槛费，难以获得必

---

①　田霖：《我国金融排除空间差异的影响要素分析》，《财经研究》2007 年第 4 期。

需的金融服务，以致难以改善当前的资金困局①。与此同时，从某种程度上来讲，贫困不仅仅是个人造成的结果，也应该考虑系统性与制度性因素，所以社会应该创造公平的机会让贫困家庭摆脱困难，帮助贫困群体获得普惠金融服务就是其中的重要组成部分②。因此，我们应该想方设法遏制金融排斥这一不良社会现象，以有效满足贫困人口的金融需求，使贫困人口也能像其他社会群体一样获得适合他们自身需求的金融政策与金融服务。

第四节　金融反贫困的理论与方法

金融排斥减少了贫困人口等低收入群体获得金融服务的机会，是社会不公平在金融领域的延伸，降低了贫困人口通过获得金融服务来改变自身命运的可能性。从长远来看，金融排斥势必会制约经济的持续健康发展。我们该如何遏制金融排斥，并从哪些方面帮助贫困人口提升金融福祉以改善生活呢？本节将对这一问题做出简要回应。接下来我们将从金融服务与减贫发展的视角出发，讨论社会政策体系、非政府组织、社会工作者等关键行动者可以为回应贫困人口的金融需求做些什么，以促进金融服务更具包容性和普惠性。

一、走出金融排斥的理论思考

当今世界随着全球化的日益深化和扩展，以及信息技术的发展与广泛

① 何德旭、苗文龙：《金融排斥、金融包容与中国普惠金融制度的构建》，《财贸经济》2015 年第 3 期。

② 黄进、玛格丽特 · 谢若登、邹莉：《普惠金融与金融能力：美国社会工作的大挑战》，《中国社会工作》2018 年第 28 期。

应用，不同形式的金融活动已经深入政府、企业、家庭和广大人民的生活，我们已经进入了“金融社会”[①]。然而，事实上存在的金融排斥却犹如“巨大的鸿沟”，将贫困群体排除在外，使他们很难享受金融服务给现代生活带来的益处。因此，采取积极合理的措施消除金融排斥就显得尤为重要。有学者提出，要想有效解决金融排斥难题，或许需要从个人、金融机构和实践三个层面考虑[②]：从个人层面来看，金融社会工作者需要掌握来自金融排斥社区的第一手资料、知识，提升贫困人口对正规金融机构的信任，并通过金融知识教育提高他们的信心与金融管理技能[③]；从金融机构层面来看，积极与贫困人口家庭建立信任关系，根据贫困人口的金融需求创建相关金融产品、完善金融服务，为贫困群体的金融与理财提供相应的技术指导，支持地方信用合作社的运转；从实践层面来看，组建跨学科团队，以一对一的个人或家庭支持方式进行多方面回应，在实践中采用金融教育、金融咨询与金融管理援助等方法尝试解决金融排斥问题，同时促进相关的政策议题进入学术讨论的视野。总之，消除金融排斥需要社会多方力量的共同参与，特别是贫困群体自身的金融知能较低，因此，提升贫困人口的金融知能也是消除金融排斥不可或缺的议题。具体来说，金融知能包括金融知识与金融能力两个方面[④]。金融知识通常包括预算、储蓄、投资、资产积累、花销、信贷、债务管理、规避掠夺性金融产品、消费者和投资者权益、金融政策

① 王思斌：《金融增能：社会工作的服务领域和能力建设》，《社会建设》2019 年第 2 期。

② 方舒、兰思汗：《金融赋能与资产建设——金融社会工作教育、研究与实务国际研讨会综述》，《开发研究》2019 年第 2 期。

③ 闫薇、黄进、金敏超，等：《金融社会工作介入反贫困的作用、挑战与未来展望》，《中国社会工作》2019 年第 31 期。

④ 林典：《金融社会工作：缘起、内涵与实务》，《社会工作与管理》2019 年第 2 期。

等知识。而金融能力指的是个体的金融知识、技能与他们所能享有的金融服务和金融产品之间互促的一种状态，即运用金融知识做出明智的决定，并对当前和未来的资金管理采取有效行动的能力，包含技能和机会两个层面的含义①。在技能层面，金融能力关注的是个体所拥有的分析能力，如个体所掌握的金融知识、技巧、信息以及动机等；而在机会层面，金融能力关注的是发挥个体金融技能的外部条件，包括与个体金融福祉相关的外部制度环境，如对具有安全保障的金融信贷等产品和服务的可及性等②。由此可见，提升贫困人口的金融知能，除了向其传授一些基本的金融知识、进行金融教育外，还应提高其金融技能，并为贫困人口获取金融服务提供足够的机会。

二、金融服务促进减贫发展的实践探索

回望全球减贫发展的历程便会发现，金融服务是减贫治理的重要议题，各国政府对提升金融包容性高度重视，纷纷出台了信贷支持政策帮助贫困人口走出困境，非政府组织也积极参与其中，通过社会企业等创新形式，回应贫困人口的金融需求。近年来，金融赋能、资产建设成为社会政策和社会工作实务领域的热点，越来越多的研究者和工作者参与到金融服务促进减贫发展的理论探索和实践中。

（一）促进金融包容作为社会政策

社会政策是以公平公正为理念依据，对社会或经济资源进行再分配，以

① Kindle P. A., "The financial literacy of social work students," *Journal of Social Work Education* 49(2013): 397-407.

② 邓锁：《社会发展、金融能力与社会工作参与反贫困》，《中国社会工作》2018 第 28 期。

公平合理地解决社会问题、保障社会成员的基本权利、改善社会环境、增进社会整体福利为目的制定和实施的一系列行为准则、法令和条例的总称①。社会政策体系则可以简单地理解为针对某个社会问题而制定和实施的一系列社会政策，可以充分而有效地动员社会资源以解决社会问题，因此往往具有其他层面无可比拟的优势。近年来，金融排斥、资产建设等议题逐渐被纳入社会政策的理论视野和实践领域，各国政府纷纷加快建立普惠金融服务和保障体系，引导政府组织、金融机构支持普惠金融发展，挽救市场失灵，切实保障贫困人群的基础金融服务可及性和适用性。

（二）非政府组织的小额信贷服务

非政府组织，通常也称为民间组织、非营利组织，指的是不以营利为目的且具有正式的组织形式、属于非政府体系的社会组织，具有一定的自治性、志愿性、公益性或互益性②。非政府组织具有不以营利为目的，专心致力于社会公益事业的发展特性，因而在回应贫困人群的金融诉求方面相较于市场主导的传统金融机构而言具有更多的优势。在国外非政府组织的金融反贫困实践中，具有代表性的有孟加拉国的格莱珉银行、玻利维亚的阳光银行、美国福特基金会、印度的自我就业妇女协会和LGT公益创投基金等，它们都在积极为贫困人群获取贷款服务的金融需求提供创新性的工具。这些非政府组织虽然在经营理念、组织结构和运作机制等方面都或多或少存在差异性，但是它们的服务对象基本涵盖了贫困群体，做到了既长期坚持公益性目标，又确保本机构的可持续发展，并在发展中不断提高自身服务能力，

① 王思斌：《改革中弱势群体的政策支持》，《北京大学学报(哲学社会科学版)》2003第6期；吴忠民：《从平均到公正：中国社会政策的演进》，《社会学研究》2004年第1期。

② 王名、贾西津：《中国NGO的发展分析》，《管理世界》2002年第8期。

从而帮助了更多贫困人群，为我国公益性机构和社会企业在金融反贫困层面提供了借鉴。

在中国，一些非政府组织在借鉴国外金融反贫困实践经验的同时，充分考虑中国的实际情况，经过长期的思考与探索，形成了具有中国特色的实践模式，其中具有代表性的典型案例有益民农村资金互助社、中原农险、友成普融与中和农信等。我国的非政府组织在金融反贫困层面主要聚焦于农村地区的贫困人群，这与我国农村地区的贫困发生率高、金融排斥程度强等因素分不开，它们针对农村地区金融机构少、金融产品和金融服务单一等现状，重新定位农户的金融需求，以提高服务的精准性，为我国普惠金融服务体系建设做出了积极贡献。

（三）金融社会工作的探索

社会工作有为贫困人口等弱势群体提供服务的优良传统，其所积累的经验如果再结合一定的金融知能，将能够为服务对象提供更适切的金融服务，并可以在金融反贫困领域发挥更大的作用①。根据金融活动的特点，即金融活动是个人与正式的或非正式的金融机构的互动，其应被视作有社会后果的行为，而不能仅仅从作为金融行为的主体角度着眼，还应考虑社会因素、文化因素和心理因素。从社会工作者的视角出发，具体的措施可从帮助贫困人口参与金融活动并获利、帮助其参与金融活动并减少损失、帮助其避免参与可能受损的金融活动等几个方面来展开②。作为社会工作者，要结合经济形势、经济结构、社会心理，对贫困群体的经济能力与心理承受能力有

① 林典：《金融社会工作：缘起、内涵与实务》，《社会工作与管理》2019 年第 2 期。
② 王思斌：《金融增能：社会工作的服务领域和能力建设》，《社会建设》2019 年第 2 期。

充分考虑，而不能简单地局限于社会工作者个人的经验及与服务对象的互动过程。社会工作者参与金融反贫困，可能会让金融业更具有道德价值，促使其在追求经济效益的同时兼顾社会责任，让金融成为包容性发展、促进所有人福祉的工具①。此外，具备良好金融素质的社会工作者也可以充分利用金融政策与银行项目等主动为贫困人群提供可能的帮助，积极寻求解决问题的个性化方案、市场渠道与制度路径，从而改善和提高贫困人群的经济境况。

综上所述，走出金融排斥的困境，促进贫困群体金融福祉的改善，需要汇聚社会各方的积极力量，不仅需要金融机构积极承担社会责任，社会政策体系、非政府组织、社会工作者等都可以在这一反贫困的新领域内大有可为，共同汇聚起磅礴力量，以有效满足贫困人群的金融需求，促进普惠金融体系的建设和金融包容，让金融真正为所有人谋福祉。

① 辛自强：《金融社会工作要聚焦公众财经素养提升》，《社会建设》2019年第2期。

第二章　金融反贫困的理论与行动体系

消除贫困，改善民生，提升民众生活福祉是全人类的共同期盼。自人类社会进入工业时代以来，与贫困作斗争始终是各国政府组织、非政府组织和社会公众共同关注的议题。在数百年的实践探索中，知识界关于贫困内涵与本质的认识不断拓展，实务领域中减贫干预的手段也随着理论认识的深化不断更新。然而，从金融领域关注贫困问题，却是相对晚近的事情。近年来，这一领域吸引了越来越多的关注，主要原因在于金融手段对战胜贫困具有独特、重要的价值。本章首先回顾贫困研究的知识谱系，继而介绍多元的减贫行动主体及其实践，并概括性地介绍金融反贫困的理论与行动体系。

第一节　贫困与贫困治理

理念是行动的先导，认识决定方法。对贫困内涵与本质的认识，是贫困研究和减贫干预的起点。大体而言，知识界对贫困的认识经历了不断深化的过程。早期阶段，人们对贫困的认识仅仅是从表象加以理解，贫困被视为物质生活的匮乏状态，强调个体的基本生存所需。随着认识的不断深化，研究者意识到对贫困内涵与本质的认识，不能局限于贫困表象本身，要在准确把握贫困成因的基础上，从政治、经济、社会、文化等多重视角，厘清贫困的多维特性，并以此为依据谋划和推进减贫干预。

一、贫困的概念①

回望贫困研究的知识传统，关于贫困内涵与本质的理解，已经逐渐从早期的单一物质维度拓展到对多维贫困的认识。随着经济社会发展水平的提升，在“绝对贫困”得到相当的认识和解决后，知识界和实务领域逐渐将讨论的重心聚焦到“相对贫困”的议题上。

（一）从“物质匮乏”到“多维贫困”

从学术史的脉络来看，在早期的贫困研究和减贫实践中，“贫困”多被理解为物质生活的匮乏状态，即社会成员的收入水平难以满足维持自身基本生存之所需②。如著名的管理学家、行为科学家本杰明·西伯姆·朗特里(Benjamin Seebohm Rowntree)于 1901 年在其著作《贫穷：对城市生活的研究》中提出，贫困的标准可依据“获得维持体力最低需要”的“购物篮子”来测算所需的货币预算③。因此，在经验层面，贫困可以被界定为在给定的社会

---

① 本部分内容整理自吕方《迈向 2020 后减贫治理：建立解决相对贫困问题长效机制》，《新视野》2020 年第 2 期，部分内容有修改和延伸。

② 乌德亚·瓦格尔、刘亚秋：《贫困再思考：定义和衡量》，《国际社会科学杂志(中文版)》2003 年第 1 期。

③ 周梁、王小林：《中国城市贫困：多维视角分析》，(2013－10－05)[2019－12－05]，https://wenku.so.com/d/647a4284a62c534b0a64ba7e12462e4a。

情境下，个体或者家庭的收入水平低于特定的临界值①。在减贫实务方面，首先需要厘定贫困线，然后依据特定的贫困瞄准方法，甄别贫困人口，从而为政策干预提供参考信息。

具体而言，贫困的测量主要依据“资源与需求的比较”(a comparation of resource and needs)，如果个体或者家庭所拥有的资源在特定的贫困线(poverty threshold)标准之下，则被识别为贫困人口②。理论家和各国政府在贫困测量方面所采用方法的主要分歧，在于如何界定“资源”“需求”“贫困线”这些核心概念。③ 而仅从物质角度理解上述概念无疑不够全面。目前已达成共识的认知是贫困不完全由个体层面的因素导致，如何在经济社会变革的历史和结构语境中具体看待贫困问题，无疑对准确认识贫困问题的本质具有根本性的意义④。在现代化理论家那里，贫困问题会随着传统社会向现代社会的转型自然而然得到解决。发展经济学家乐观地提出，经济增长会创造充足的就业机会和有效需求，从而对贫困治理产生“涓滴效应”⑤。但

---

① 吕方：《迈向2020后减贫治理：建立解决相对贫困问题长效机制》，《新视野》2020年第2期。

② Becker G. ,Becker G. M. ,Ravallion S. ,et al, “Weakly Relative Poverty,” *Review of Economics and Statistics* 93(2011): 1251 - 1261; Becker G. S. , Tomes N. ,“Human Capital and the Rise and Fall of Families,” *Journal of Labor Economics* 4(1986): S1 - S39.

③ 吕方：《迈向2020后减贫治理：建立解决相对贫困问题长效机制》，《新视野》2020年第2期。

④ 吕方：《迈向2020后减贫治理：建立解决相对贫困问题长效机制》，《新视野》2020年第2期。

⑤ Aghion P. , Bolton P. , “A Theory of Trickle-down Growth and Development,” *The Review of Economic Studies* 64(1997): 151 - 172;王小林：《贫困标准及全球贫困状况》，《经济研究参考》2012年第55期;安春英：《政府在非洲国家减贫中的作用评析》，《西亚非洲》2009年第8期。

事实上，上述乐观预期并没有得到经验层面的佐证，恰恰是后发展国家，除了极个别的案例之外，大多陷入了“依附性积累与不发达”[①]的状态，“贫困代际传递”[②]现象与“低水平均衡现象”[③]在贫困的经验领域中广泛存在。

20 世纪 70 年代以来，关于贫困的研究经历了一次理论范式的变革，与早期发展哲学领域的发展主义宏大叙事以及发展经济学领域借用非常精细化、模型化的计量研究相比，研究者更多关注贫困者的生活境遇，关注宏大政治经济社会结构的安排与个体际遇之间的关联性，从更为整体性和系统性的视角看待贫困问题[④]。诚如阿马蒂亚·森（Amartya Sen）所言，贫困应理解为个体由于可行能力不足而处于的“不自由状态”[⑤]，发展的终极目标在于实现个体在政治、经济和社会权利诸方面享有充分自由。换言之，应当将个体和家庭的贫困状态置于广阔的经济、政治与社会框架中进行思考[⑥]。基于阿马蒂亚·森的可行能力框架，研究者提出了多维贫困的视角[⑦]，为我们认识贫困问题的复杂性提供了有益视角，启发我们关注贫困者多个维度的匮乏，以及这些匮乏对个人潜能发掘和尊严的影响。

---

① 安德烈·冈德·弗兰克：《依附性积累与不发达》，高铦、高戈，译，译林出版社，1999。

② Harper C., Marcus R., Moore K., “Enduring Poverty and the Conditions of Childhood: Life Course and Intergenerational Poverty Transmissions,” *World Development* 31(2003): 535-554.

③ Nelson R. R., “A Theory of the Low-Level Equilibrium Trap in Underdeveloped Economies,” *China Labor Economics* 46(2006): 894-908.

④ 吕方：《迈向 2020 后减贫治理：建立解决相对贫困问题长效机制》，《新视野》2020 年第 2 期。

⑤ Sen A., *Development as Freedom* (Oxford: Oxford University Press, 1999).

⑥ 王海明、李小云：《贫困研究的历史脉络与最新进展述评》，《中国农业大学学报（社会科学版）》2009 年第 3 期。

⑦ Alkire S., Foster J., “Counting and Multidimensional Poverty Measurement,” *Journal of Public Economics* 95(2011): 476-487.

（二）从“绝对贫困”到“相对贫困”

知识界关于贫困本质的研究为国际减贫治理提供了理论工具，以此为基础可以合理讨论贫困标准的设定。大致而言，在减贫实务领域应用最为广泛的是关于绝对贫困和相对贫困的测量与识别。所谓“绝对贫困”指的是“缺乏满足基本生活所需的收入”，其中基本生活所需涵盖食物支出和非食物支出①。世界银行著名的 1990 年“一天一美元”②即从绝对贫困的角度提出的贫困标准（低贫困标准）③，其测算是依据 1985 年世界上最贫困的 6 个国家所采用的贫困线标准平均值得出的。此后在 2008 年，世界银行根据全球最贫困的 15 个最不发达国家的贫困线均值将绝对贫困标准修订为 1.25 美元每人每天。2015 年 10 月，按照购买力平价标准，世界银行将这一标准上调为 1.90 美元每人每天。“绝对贫困”标准被发展中国家广泛采用，各国根据购买力平价标准及本国减贫实际需求确定本国的贫困线。④ 2011 年，为配合《中国农村扶贫开发规划纲要（2011—2020）》的实施，中国政府调整了国家贫困标准，新的贫困线采用 2010 年的数字 2 300 元（人均纯收入/年）。按照世界银行提供的当时美元兑换人民币购买力平价标准测算，新的中国贫困标准大致相当于 3.19 美元每人每天，考虑城乡物价水平和生活成本的差距，则已经达到了 3.87 美元每人每天，这不仅高于世界银行的低贫困标准，同时也高于世界银行依据

---

① 吕方：《迈向 2020 后减贫治理：建立解决相对贫困问题长效机制》，《新视野》2020 年第 2 期。

② 世界银行在《1990 年世界发展报告》中提出了该标准，并开始了全球贫困监测。

③ 同时世界银行还基于发展中国家贫困线的中位数测算出了“高贫困标准”，2008 年为每人每天 2 美元。

④ 吕方：《迈向 2020 后减贫治理：建立解决相对贫困问题长效机制》，《新视野》2020 年第 2 期。

75 个转型国家和发展中国家贫困线标准中位数测定的高贫困标准。[①]

总的来说，绝对贫困的界定重点在于准确把握“最基本生活所需”。但随着经济社会发展水平的提高，一些发达国家逐步消除了绝对贫困现象，进入了“相对贫困”治理的阶段。“相对贫困”的概念源自 1979 年英国学者唐森德提出的“相对剥夺”理论。[②] 在唐森德看来，由于贫困很大程度上为社会建构性力量所塑造，很难寻找到可以普遍适用于各个国家/地区的“绝对贫困”标准。不妨从“相对贫困”的视角来衡量贫困状况，即如果个体、家庭或者特定群体不能按照社会中习惯性的、广为接受的、广为鼓励的方式生活，那么我们就可以称其处于贫困状态。[③] 显而易见，“相对贫困”的内涵不仅包括了贫困的经济面向，而且更加侧重于讨论其社会性维度。[④] 知名发展经济学家马丁·拉瓦雷（Martin LaVare）发现，早在亚当·斯密（Adam Smith）的著作中就已讨论过贫困的社会意义。亚当·斯密说道：“举例来说，一件麻布衬衫，称不上是严格意义的生活必需品。我猜想在希腊人和罗马人生活的时代，即使没有麻布衬衫也丝毫不影响他们生活得舒适。但这些年，在欧洲的绝大部分地区，一个值得信赖的劳工可能会因为不着一件麻布衬衫出现在公共场合而感到羞耻。”[⑤]可以说，亚当·斯密所言的“麻布衬衫”构成了关于

---

① 陈锡文、韩俊：《中国农业供给侧改革研究》，清华大学出版社，2017。

② 吕方：《迈向 2020 后减贫治理：建立解决相对贫困问题长效机制》，《新视野》2020 年第 2 期。

③ Ravallion M., Chen S., “Weakly Relative Poverty,” *Review of Economics and Statistics* 93(2011): 1251 - 1261.

④ 吕方：《迈向 2020 后减贫治理：建立解决相对贫困问题长效机制》，《新视野》2020 年第 2 期。

⑤ Ravallion M., Chen S., “Weakly Relative Poverty,” *Review of Economics and Statistics* 93(2011): 1251 - 1261.

贫困社会性维度的隐喻。此后，人类学家和经济学家不断重申这一洞见的重要性，并提出“麻布衬衫”的消费行为在世界各地的贫困社区广泛存在，其意义在于贫困人口借此寻求“社会身份”和“社群融入”[①]。做出这些“消费”行为还体现在按特定文化规定的“恰当”方式在亲戚聚会、节日、庆典、社区宴会上的花销。2019 年诺贝尔经济学奖得主班纳吉和德芙罗的研究表明，在贫困群体中，节日和聚会的花销甚至占据家庭开支非常高的比重，他们情愿忍受食不果腹，亦要坚持追求一些看似“奢侈”的消费。[②] 不难发现，上述讨论的价值在于揭示了即使是在“赤贫”标准下生活的人，依然会有“比较性需求”，对这些需求的回应理应被纳入贫困标准设置的考虑范围。鉴于此，我们看到，大部分国家的“官方贫困线”都包含了食品贫困线和非食品贫困线两个部分，前者指的是维持个体生存每天所需摄入的热量，后者则主要包括基本的教育、医疗、社会交往等。因此，“绝对贫困”与“相对贫困”的区别主要在于“参照系”的差别，前者为个体维持最基本生活所需的“规范型”标准，而后者则是基于“社会认可的生活方式”的“比较型”标准。[③]

从理论上来讲，“相对贫困”标准并不必然高于“绝对贫困”标准，例如我们可以想象在一个普遍匮乏的社会，其“相对贫困”亦意味着非常低下的生活水准。但在具体实践中，“相对贫困”的测量方式更多得到发达国家的青睐。[④]

---

① 吕方：《迈向 2020 后减贫治理：建立解决相对贫困问题长效机制》，《新视野》2020 年第 2 期。

② Banerjee A. V., Duflo E., “The Economic Lives of the Poor,” *Journal of Economic Perspectives* 21(2007): 141－168.

③ 吕方：《迈向 2020 后减贫治理：建立解决相对贫困问题长效机制》，《新视野》2020 年第 2 期。

④ 吕方：《迈向 2020 后减贫治理：建立解决相对贫困问题长效机制》，《新视野》2020 年第 2 期。

1965 年，美国著名经济学家莫莉·奥珊斯基（Molly Orshansky）提出了奥珊斯基贫困门槛（Orshansky Poverty Thresholds），该标准由有营养的、充足的食物开支和非食物开支组成，后者大致为前者的 3 倍。1979 年，英国将低于中位数收入的 60%作为贫困线，折算出不同家庭收入贫困的现金量[①]。欧盟国家采用了类似的标准，按照社会转移之后的可支配收入来计算，如果低于社会平均可支配收入中位数的 60%，即称之为处于贫困状态[②]。

借鉴阿玛蒂亚·森对贫困的理解，我们不难发现，贫困并不仅仅意味着缺钱，它会使人丧失挖掘自身潜力的能力。贫困的本质是对基本能力与权利的剥夺，是缺少获取和享有正常生活的能力，是创造收入的能力和机会的匮乏，是缺少实现自我发展潜能的能力。也就是说，贫困并不仅仅体现在低收入、低消费等方面，而是在更大程度上表现为低文化程度、技能不足、缺乏社会保障、存在心理压力、健康恶化等因素对个人可行能力的限制[③]。因此，扶贫不仅要直接改善贫困人口的经济状况，还要促进其生成可持续生计的发展思维和实践。2005 年，迈克尔·谢若登（Michael Sherolden）在《资产与穷人：一项新的美国福利政策》这本书中针对美国和其他一些“发达”国家的“福利国家”政策提出这些政策主要以补助贫困家庭收入为基础。迈克尔·谢若登建议：“社会政策也应当重视家庭资产积累，因为只有这样，家庭和社区才能持久地参与社会和经济的发展。拥有资产除了能够延迟消费以外，

① 王小林：《贫困标准及全球贫困状况》，《经济研究参考》2012 年第 55 期。
② 吕方：《迈向 2020 后减贫治理：建立解决相对贫困问题长效机制》，《新视野》2020 年第 2 期。
③ 刘敏：《贫困治理范式的转变——兼论其政策意义》，《甘肃社会科学》2009 年第 5 期。

还很有可能产生其他许多积极的影响，包括更明确的未来观、更稳定的家庭、更多的人力资本投资、更妥善的财产管理、更积极的社区参与等。”[①]如果想要长久地改善家庭的生活条件，就有必要在教育、住房、生意等方面投资。这里的家庭指的是任何家庭，包括贫穷的家庭和富有的家庭。[②]

二、减贫治理的多元主体[③]

贫困的成因具有复杂性和多维性，因而有效的贫困治理离不开多元主体的共同参与。整体来看，政府主导的减贫和发展行动与市场主体、市场机制的参与，非政府组织与公众的行动，共同构成了减贫治理的行动体系。

（一）贫困治理中的政府角色

按照自由主义经济学家的观点，政府应该尽可能少地干预经济活动和社会生活，在产权得到清晰界定以及基于自由意志建立的契约得到有效执行的情形之下，市场经济就能够促进经济的繁荣。在此过程中，贫困地区、贫困人口可以利用自身的资源优势，在市场体系中获得收益，从而实现减贫。[④] 但无论是从历史的视角，还是从横向比较来看，政府在贫困治理领域

① ［美］迈克尔·谢若登：《资产与穷人：一项新的美国福利政策》，高鉴国，译，商务印书馆，2005 年版序言。

② ［美］迈克尔·谢若登：《资产与穷人：一项新的美国福利政策》，高鉴国，译，商务印书馆，2005 年版序言。

③ 本部分内容整理自武汉大学、中国国际扶贫中心：《中国反贫困发展报告(2016)：社会组织参与扶贫专题》，华中科技大学出版社，2016。吕方承担了相应章节的撰写工作，故直接引用，部分内容有修改和延伸。

④ 武汉大学、中国国际扶贫中心：《中国反贫困发展报告(2016)：社会组织参与扶贫专题》，华中科技大学出版社，2016，第 4 页。

中都扮演着积极的角色，一个重要的原因恰恰在于自由主义经济学及其实践并没有能够促进低收入人群生存境遇的改善①，发展经济学家所预言的“涓滴效应”在现实中对极端贫困人口的带动能力可谓乏善可陈。换言之，贫困治理领域存在着市场失灵的现象。此外，按照国家学派的观点，要实现富强、繁荣，推动社会正义，国家应当扮演积极且有作为的角色，尤其是在贫困治理领域，一个强大的国家、高效的政府组织是必不可少的。② 大致而言，政府在贫困治理领域中的角色主要体现在如下几个方面。

其一，制定国家经济社会发展战略并推动实施，为贫困人口脱贫增收提供宏观环境③。政府是后发展国家贫困治理及现代化发展的主导力量，区别于自由主义经济学家宣称的“守夜人”角色和凯恩斯（Cairns）主义经济学家主张的“补缺者”角色，在后发展国家经济社会发展战略实施及贫困治理事业的开展过程中，国家以及作为国家的代表——政府组织——扮演着主导性的角色。这种角色在经验层面体现为一揽子制度和政策的实施，主要包括发展战略的规划与实施、制度改革、扩大开放、有针对性的产业政策和金融政策以及积极的基础设施建设与公共服务供给等。值得注意的是，在经济社会发展的不同阶段，政府所扮演的角色有所差别④。以非洲国家为例，第二次世界大战以后，非洲国家纷纷走上民族国家独立的道路，寻找富国富

① 武汉大学、中国国际扶贫中心：《中国反贫困发展报告(2016)：社会组织参与扶贫专题》，华中科技大学出版社，2016，第 4 页。

② 武汉大学、中国国际扶贫中心：《中国反贫困发展报告(2016)：社会组织参与扶贫专题》，华中科技大学出版社，2016，第 4 页。

③ 武汉大学、中国国际扶贫中心：《中国反贫困发展报告(2016)：社会组织参与扶贫专题》，华中科技大学出版社，2016，第 4 页。

④ 武汉大学、中国国际扶贫中心：《中国反贫困发展报告(2016)：社会组织参与扶贫专题》，华中科技大学出版社，2016，第 4 页。

民的方法。20世纪六七十年代，政府主导的城镇化、工业化进程快速推进，非洲国家政府在工业发展、农业生产、资本投资、贸易诸领域实行全方位干预，政府的反贫困职能主要体现在公有化及与计划经济体系相结合上。由于独立初期的政府财政能力有限，各国政府纷纷推出国家干预经济增长的战略计划，集中力量推动经济发展。遗憾的是，快速城镇化和工业化进程以及较高的经济增长速度并没有很好地转换成减贫成果。虽然贫困人口的相对收入状况有了一定程度的改善，但新的贫困问题又衍生出来。收入差距的不断扩大使得经济可持续增长的能力受到较大的影响①。虽然非洲国家和拉美国家经历了20世纪80年代以后的停滞，但并不能因此否定国家主导发展对于减贫的积极意义，东亚经济奇迹为国家主导的发展与减贫道路提供了正面的经验。众所周知，2000年联合国提出了在2015年实现8项“千年发展目标”，其中关于绝对贫困人口减半的内容是首要目标。根据2014年和2015年的全球监测报告，最为引人瞩目的成果主要来自东亚，包括中国、马来西亚、泰国，并且中国已经于2010年实现了这一目标。②研究者认为，东亚经济奇迹和东亚减贫奇迹的奥秘，基本经验之一是保持了国家对发展领域的主导，并通过一揽子产业政策、金融政策、制度改革、基础设施投资等，为贫困地区和贫困人口的发展提供了良好的制度环境与基础条件③。

其二，完善社会政策体系，改善贫困人口的福利状况，提升其应对各类

① 安春英：《政府在非洲国家减贫中的作用评析》，《西亚非洲》2009年第8期。
② 资料来源：《东亚地区的“脱贫战”中国成就最突出》，《联合早报》2015年8月27日。
③ 武汉大学、中国国际扶贫中心：《中国反贫困发展报告(2016)：社会组织参与扶贫专题》，华中科技大学出版社，2016，第4页。

社会风险的能力。社会政策是国家通过再分配手段为弱势人群提供的服务和福利，其将市场经济中竞争能力较低者或弱势人群作为自己的服务对象。自诞生之初起，社会政策便将克服贫困作为基本目标。1601 年英国政府颁布的《伊丽莎白济贫法》被认为是运用社会政策解决贫困问题的开端。随着工业化、市场化、城市化的快速推进，越来越多的国家将济贫视为政府的责任并将社会政策作为制度化的办法应对贫困问题①。随着经济的发展，西方国家的社会政策体系不断完善，时至今日，无论是以英美为代表的自由主义福利体制，还是斯堪的纳维亚国家的福利国家模式，抑或是东亚福利体系，都将社会政策视作重要的贫困治理手段。近年来，社会政策的内涵不断丰富和发展，理论界相继形成了一些新颖独到的研究视角，如社会排斥研究②与发展型社会政策研究③等诸多新的理念、理论和方法，相应地为贫困治理

① 李迎生、乜琪：《社会政策与反贫困：国际经验与中国实践》，《教学与研究》2009 年第 6 期。

② “社会排斥”的概念强调贫困人口所面临社会风险的多元性和综合性，早期的研究关注这些群体面临的公共服务设施匮乏、机会欠缺，后来发展为更具统合性的范畴，指的是“某些人或地区受到的诸如失业、技能缺乏、收入低下、住房困难、罪案高发的环境、丧失健康以及家庭破裂等等交织在一起的综合性问题时所发生的现象”。以上内容参见代利凤的《社会排斥理论综述》，《当代经理人》2006 年第 7 期。

③ 向德平教授在《发展型社会政策及其在中国的建构》一文中对发展型社会政策的内涵、历史演进做了详细的概括。大致而言，发展型社会政策指“1990 年代中期以来，OECD 国家实施了一系列新的社会政策，其中包括儿童教育和服务、针对双职工父母的弹性工作时间和亲职假期以及鼓励单亲父(母)亲寻找工作等。这些政策使失业率下降，依靠社会救助的人数显著减少，收入差距扩大的趋势得到了明显的缓解，因而这些政策被称为‘积极的社会政策’，也就是我们所说的发展型社会政策。这一政策集中反映了经济政策和社会政策二者的整合状态。其核心理论是将社会政策看作一种社会投资行为，认为社会政策对提高劳动力的素质有直接的作用，社会政策是对人力资本的投资。面对全球化的挑战，以投资人力资本为核心的发展型社会政策试图将个人、家庭、群体和国家等不同层面的利益与目标有机地结合起来，最后形成一种帮助个人和国家的政策机制”。以上内容参见向德平的《发展型社会政策及其在中国的建构》，《河北学刊》2010 年第 4 期。

研究提供了新的视角①。

其三，制定和实施有针对性的专项减贫战略，帮助贫困人口改善外部环境。② 由于贫困问题成因的复杂性，一般性的经济发展对贫困人口的带动能力是很有限的，通过制定和实施有针对性的专项减贫战略，能够更为有效地改善贫困地区、贫困社区和贫困人口的外部环境。从国际经验来看，在贫困治理领域取得突出进展的国家，一个共性的特征是将贫困治理视为国家战略的重要组成部分，通过专门的政策支持，改善贫困地区、贫困人口的生活状况，并通过面向贫困地区和贫困人口的特殊金融政策、补贴政策、能力建设等综合手段，形成一揽子政策支持体系，从而为贫困地区和贫困人口改善生计水平提供条件。值得一提的是，在中国贫困治理的实践中，专项扶贫模式逐渐成熟和完善，成为推动贫困人口脱贫增收的重要力量。尤其是“八七扶贫攻坚战”以来，整村推进、连片开发、易地移民搬迁、雨露计划等专项扶贫模式的形成和推广，对中国贫困治理事业做出了巨大的贡献。新时期，在精准扶贫的理念指引下，专项扶贫模式不断丰富和发展，电商扶贫、光伏扶贫、旅游扶贫等新的专项扶贫模式，较好地适应了新时期贫困治理的形势，取得了良好的成效。

其四，鼓励市场主体和社会组织参与贫困治理，并提供指导和支持。必须承认，从贫困问题成因的分析来看，单纯依靠政府行政手段推动贫困治理，存在效率的困境和资源总量的约束。最大限度地调动市场主体和社会

---

① 武汉大学、中国国际扶贫中心：《中国反贫困发展报告(2016)：社会组织参与扶贫专题》，华中科技大学出版社，2016，第4—5页。

② 武汉大学、中国国际扶贫中心：《中国反贫困发展报告(2016)：社会组织参与扶贫专题》，华中科技大学出版社，2016，第5页。

组织参与贫困治理，是国家贫困治理体系成熟与完善的重要标志。市场主体和社会组织在创新领域更具活力，更能够响应贫困人口多元化和异质性的需求，通过搭建良好的政企关系、政社关系，为市场主体和社会组织参与扶贫开发提供支持，是政府贫困治理行动的重要组成部分。同时也应当看到，市场主体和社会组织参与贫困治理也存在着若干制约因素，如市场主体与农户之间的利益联结模式，其融资困境、风险管控能力等，再如社会组织与社区、农户建立信任和实现在地嵌入等。在后文中，我们将对这些问题做进一步的讨论①。

（二）市场机制与贫困治理

贫困治理的基本经验在于坚持政府主导的开发式扶贫与兜底式扶贫相结合，值得注意的是，政府主导并不意味着政府包办，用好市场机制，对于贫困治理的成效提升具有重要意义。实践证明，市场是最具活力的因素，运用好市场机制，不仅能够拓展扶贫开发的资源，更能破解片面依靠行政手段、政府资源推动减贫与发展的低效率难题。简单来说，运用市场机制进行贫困治理，意味着采用市场的手段，优化配置贫困地区的土地、劳动力、资本等要素，通过市场主体的带动、贫困人口人力资本的提升等途径，促进贫困地区的经济发展，进而带动贫困人口脱贫增收。尤其是在传统经济形态依然占据主导地位的贫困地区，通过市场的办法，结合地方的特色优势资源，培育各类市场主体，发展产业，依然是贫困治理的基本手段。然而，不同于一般性经济活动，市场机制在扶贫开发领域能否取得较好的效果，尚取决于以下几个方面的因素：

① 武汉大学、中国国际扶贫中心：《中国反贫困发展报告(2016)：社会组织参与扶贫专题》，华中科技大学出版社，2016，第5页。

其一，区域性基础条件的改善状况。贫困地区的低度开发状态是制约贫困人口脱贫的重要因素。深入分析就会发现，市场经济能否得到快速发展，贫困地区能否参与到区域性、全国性乃至全球性的市场经济体系中，很大程度上取决于这一地区从事市场活动面临经营成本的高低。从现实层面来看，很多贫困地区往往远离区域性经济中心，当地自然地理条件复杂，水、电、路、网等基础设施建设较为滞后，这就导致了企业从事经营活动面临着较高的外部成本，因此，补齐基础设施和公共服务的短板，有助于市场机制在贫困地区的推广和效能发挥。

其二，相关产权制度安排、政策环境的设置。市场主体的交易成本包括显性成本和隐性成本两个部分，前者主要指原材料、劳动力、税收、财务成本等，后者则主要包括融资成本、管理成本等制度性的交易成本。改善市场主体的经营环境，激发市场机制的潜能，从根本上讲，就是要促进市场主体各类交易成本的下降。尤其是在农业经营领域中，市场主体多是一些规模较小、抗风险能力较弱的中小企业组织，对这些市场主体进行政策引导和扶持对于其存活和发展至关重要。鉴于此，建构新型政企关系，扶持市场主体在贫困地区从事农业产业经营，是发掘市场机制潜能的关键环节。

其三，要想实现市场主体的发展和地方经济的繁荣，需对贫困人口保持足够的开放性和包容性。作为以营利为根本的经营主体，市场主体的经营行为并不必然伴随着贫困人口的增收，运用市场机制所创造的红利空间，亦不必然对贫困人口具有开放性。换言之，市场机制对扶贫开发的价值，其实现从根本上依赖于良好利益联结机制的建立，因此，应保障贫困人口能够参与市场，并从市场经济中获得合理和体面的回报。近年来，我们看到各地政府积极引导市场主体参与到贫困治理的实践中，通过包干扶贫、合同扶贫的方式，在培育市场主体、借用市场机制的同时促进贫困治理目标的实现。①

（三）社会组织如何参与贫困治理

从历史层面来看，社会组织从事扶助贫困群体的工作由来已久。在工业社会萌蘖之初，剧烈的社会转型中出现了众多的贫困人群，教会最早承担起了济贫的责任。19 世纪中期，出现了最早的非政府组织（NGO），在相当长的一段时间里，这些 NGO 的活动都与贫困问题相关。② 随着现代福利国家体系的建立，贫困治理更多被视为国家的社会保护，是国家责任的体现，NGO 更多活跃于政府济贫体系难以涵盖的领域，发挥补充作用。二战以后，一些国际 NGO 和发达国家的非政府机构为发展中国家提供发展援助，包括直接的资金支持、技术支持以及基础设施建设等。20 世纪 70 年代以后，在公共政策向右转的过程中，主要西方福利国家的政府行政部门出现了一股强劲的去官僚机构化趋势——知识界纷纷批评政府直接干预再分配领域是对市场经济原则的背弃，并且规模庞大的政府公共部门往往是低效率的。以此为契机，社会组织参与减贫掀起了新的浪潮，各种门类的非营利机构纷纷建立起来，在贫困群体的福利供给中扮演着举足轻重的角色。③

在国家贫困治理体系中，社会组织的参与发挥着不可或缺的作用。毋庸置疑，贫困治理是国家的责任，政府需要在公共服务、基础设施等领域加

---

① 武汉大学、中国国际扶贫中心：《中国反贫困发展报告（2016）：社会组织参与扶贫专题》，华中科技大学出版社，2016，第 6—7 页。

② 王名：《NGO 及其在扶贫开发中的作用》，《清华大学学报（哲学社会科学版）》2001 年第 1 期。

③ 华中师范大学、中国国际扶贫中心：《中国反贫困发展报告（2014）：社会扶贫专题》，华中科技大学出版社，2014，第 27 页。

大投入，为市场机制发挥作用创造良好的社会环境。但同时应当看到，以公共政策为核心的政府减贫行动，以及以效率为核心的市场机制，在贫困治理过程中确实展现出强劲的动力，同时，两者对于全面的、综合的、精细的贫困治理都存在着局限性，而社会组织在这些方面具有显著的优势。

首先，社会组织参与贫困治理，能够吸纳社会资源，扩展贫困治理的资源总量①。作为以社会目标为核心旨趣的非营利机构，一些基金会类的社会组织能够广泛动员社会力量参与到贫困治理的事业中。社会组织一方面联结着贫困社区和贫困人口的需求，另一方面积极与有公益意愿的企业和个人建立联系，发挥着公益供给与需求之间的桥梁作用。我们可以看到，众多的社会组织活跃在帮扶弱势人群的领域中，将募集到的各类资源以专业的手段传递给贫困人群。

其次，社会组织在响应贫困人口多元化、差异化的需求方面更具灵活性和适应性。在贫困治理的活动中，政府主要借助一揽子公共政策来贯彻其贫困治理的意志，如同任何其他组织机构一样，政府组织的行政活动也会面临成本问题。相对而言，在响应普遍性、共通性需求方面，公共政策能够体现出较高的效率，如基础设施建设和基本的公共服务供给。但如前文所述，贫困社区和贫困人口的致贫因素组合往往具有差异性，因而其需求也各有不同。如果仅仅依靠政府行政手段来回应这些需求，往往会陷入效率低下的困境。社会组织积极承接各类贫困治理服务项目，在很大程度上能够改善这一状况。社会组织及其项目的开展，更专注于为特定领域和特定人群

① 向德平、华汛子：《党的十八大以来中国的贫困治理：政策演化与内在逻辑》，《江汉论坛》2018 年第 9 期。

提供服务，故而其工作更有针对性①，并且能够借助更为专业的手法，通过以人为本的、专业化的、精细的社会服务，使一些特殊群体的需求能够得到较好的回应。这就能够与关注普遍性问题的国家政策形成互补，从而建立起普惠政策与特殊关怀相结合的体系，有效回应贫困问题。

最后，市场机制无疑是具有高效率的，但贫困人口参与市场的能力，以及在市场中获得公正回报的权益，并不必然能得到很好的保障。社会组织通过多种形式的社会创新，在提升贫困人群自我发展能力、捍卫其经济社会权益方面形成了众多宝贵的经验。例如，我们将在下文展开讨论的社会企业模式、新经济社会运动模式为贫困治理提供了多种方案，扩展了贫困治理的理论和方法体系，具有非常积极的社会创新意义。

值得注意的是，贫困治理体系的三种机制并不是孤立运转的，三者的有效衔接与配合才能取得良好的运行效果。2000 年以来，中国国家贫困治理体系逐渐形成了“大扶贫”的工作格局，政府、市场与社会协同的体制机制正在逐渐完善和成熟。我们将在后文的讨论中再次回应这一话题②。

第二节 金融反贫困的视角与方法

前文已述，在早期的减贫实践中，救助式扶贫占据主导地位，虽然直接

① 华中师范大学、中国国际扶贫中心：《中国反贫困发展报告(2014)：社会扶贫专题》，华中科技大学出版社，2014，第 32 页。

② 武汉大学、中国国际扶贫中心：《中国反贫困发展报告(2016)：社会组织参与扶贫专题》，华中科技大学出版社，2016，第 7—8 页。

指向解决贫困人口的物质匮乏问题，但这种实践只是满足了贫困人口的最低生存需求，不涉及促进贫困人口可持续生计能力提升等发展性的思维和实践。20世纪70年代，NGO开始积极介入金融反贫困的领域，孟加拉国格莱珉银行就是其中有代表性的成功案例。随着理论界和实务界对金融与减贫的关系有了更深入的认识和研究，实践中各地还积极推动其他形式的金融反贫困项目和服务的实施。然而，在金融反贫困的发展过程中，成就与挑战并存。进入新千年以来，联合国开发计划署和世界银行等机构积极倡导金融包容性（Financial Inclusion），按照普惠金融的理念，政府、商业金融机构、非政府组织、社区等结成了越来越紧密的协同行动网络。近年来，金融社会工作的理论和方法为普惠金融贡献了有价值的视野和路径，在普惠金融的“最后一公里”，金融社会工作显现出其独特的价值。在这一节中，我们将简要介绍金融反贫困的价值与意义、金融反贫困的弊端及其应对，继而介绍金融反贫困的实践发展。

一、金融反贫困的价值与意义

既有研究表明，金融服务对改善贫困人口生计具有多重积极意义。首先，金融服务可以帮助贫困人口平滑消费曲线，使之在面对重大支出时能够更加从容，不至于因窘迫而丧失尊严和权利。其次，金融服务可以帮助贫困人口有效地积累和配置资产，从而形成可持续发展的内生能力。从表象上来看，贫困固然体现为物质生活的匮乏状态，但走出贫困陷阱，仅仅依靠救助式的帮扶是远远不够的，如果不能改善贫困人口自我持续发展的能力，则所谓的“成功减贫”成效也不会持久。对贫困群体来说，有效的储蓄、信贷有助于其积累资产，从而抓住发展机会，也有助于其提升人力资本，提升融入经济体系的能力，从而获得工资性收入。从代际的角度讲，金融服务能够促进贫困人口代际投资计划的形成和实施，从而阻断贫困的代际传递。最后，金融服务可以帮助贫困群体有效分散经营风险，特别是涉及产业和健康的保险服务，能够帮助其更好地抵御自然、市场、健康等方面的诸种风险①。鉴于此，金融作为反贫困工具的价值被知识界和实务领域广泛认可，并得到了持续的知识和实践探索。

总的来说，金融反贫困政策工具可以通过直接、间接两种效应带动贫困人口的生计改善。就其直接效应方面，正如前文所言，金融服务可以帮助贫困人口平滑消费、聚集资产、有效投资、分散风险及提升人力资本等；而就其间接效应来说，金融服务与政府发展计划和市场体系发育相联系，与中小微企业创业就业相联系，往往能带动贫困人口就业，从而加强帮助其共享经济增长成果的“涓滴效应”。同时，间接效应还体现在公益金融领域，即针对面向贫困人口开展服务的社会组织提供公益金融服务，促进其组织发展和能力提升。近年来，公益金融领域积极倡导面向社会企业的金融支持计划，体现了金融间接促进减贫目标实现的路径不断拓宽。可以说，正是金融服务在益贫方面所具备的巨大潜能，甚至是不可或缺性，吸引着政府、非政府组织等各类行动主体致力于通过金融手段促进减贫事业的发展。

二、金融服务的市场失灵与干预

金融是资产的配置活动，本质上属于市场经济范畴。但市场因其固有

① Becker Gary S., Nigel Tomes, “Human Capital and the Rise and Fall of Families,” *Journal of Labor Economics* 4.3, part 2(1986): S1 - S39.

的缺陷，往往具有“嫌贫爱富”的特性，从而出现了针对特定地区或特定群体的金融服务供给不足的问题①，也就是通常意义上的“市场失灵”。从学理层面来讲，农村金融领域的市场失灵问题，是市场机制的本性所决定的。可以说，正是由于农村金融领域（边缘群体金融服务）存在着市场本身所难以克服的失灵问题，才给各类主体提供了开展金融干预的充足合法性。在导论部分，我们阐释了金融排斥现象的表现与成因，市场失灵便是其中极为重要的因素之一。具体来说，农村金融市场失灵表现为供给不足和资源错配两个方面。就前者而言，供给不足指的是众多农户、涉农经营主体的金融服务需求难以在正规金融机构中得到满足；后者则是指有限的农村金融资源分配中存在着较为明显的“精英偏好”现象。换言之，在市场逻辑主导下的金融体系中，农村金融服务显然是“低价值和高风险”的。一方面，农业经营投资周期长、利润率偏低，农村金融需求相对于城市部门和工业部门显得零散且细小，因而在农村地区维持金融服务无疑需要支付更高的运行成本；另一方面，农业是弱势产业，常会面临市场变化、自然灾害等多重不确定因素，对于贫困地区，上述因素的影响则更加显著。贫困地区的经济和社会基础设施往往非常薄弱，农民生计脆弱性更高。正是由于上述原因，在以营利为主要绩效指标的商业化金融机构中，农村金融显然是不值得投入的，尤其是在发展中国家经济快速增长的时期，城市及工业领域的金融需求远没有得到完全满足，市场尚未饱和，就更加不会考虑“金融下乡”的问题了。

需要指出的是，金融干预的主体，既包括政府机构，也包括非政府组织

① Krahnen J. P., *Development finance as institution building: A new approach to poverty-oriented banking*, Westview Press: Boulder, 1994: 145.

和市场主体。从政府机构来讲，农村信贷补贴范式、金融深化范式以及金融规制范式在不同时期对政府的金融干预行动产生影响。非政府组织则更多致力于扶贫小额信贷（含社会企业）及对中小企业、社会组织的金融支持。市场主体近年来对普惠金融也产生了一定关注，并努力探寻其实现形式。在后续章节中，我们将详细讨论三类主体在金融干预中的角色及其基本方式。

三、普惠金融与金融教育

2000 年以来，金融反贫困领域出现了两个方面的重要变化。其一，普惠金融的理念和方法逐渐为知识界和实务领域所接受，并得到了一系列创造性的实践探索。特别是随着互联网、大数据、人工智能等新技术的应用场景不断丰富，数字普惠金融快速发展，并改变着金融体系的结构以及人们的金融行为。其二，金融干预领域更加强调金融教育的重要性，尤其是在金融技术日新月异的时代，金融教育本身就构成了金融干预的重要内容，对于特殊群体而言更显必要。这些内容，我们将在后续的讨论中有所涉及。

第三节　金融反贫困的行动者及其主要行动模式

金融服务作为反贫困干预工具的巨大意义逐渐被研究者和行动者认识和认同，跨领域的行动者越来越多借用金融反贫困手段，帮助困难群体摆脱困境，促进其潜能的实现。特别是新千年以来，在普惠金融理念和行动框架的指导下，来自众多领域的金融服务提供者致力于满足贫困客户的多样化需求，从而促进金融服务的包容性发展，政府、商业金融机构、非政府组织、社区等服务主体结成了越来越紧密的协同行动网络。大致而言，政府通过政策性金融服务作用于贫困治理，增强金融反贫困政策与其他反贫困政策的协同性，引导和推动商业银行改革，促进农村金融发展。商业金融机构则通过金融创新的方式，将其服务向贫困社区延伸，但这种努力的成效仍然比较有限。非政府组织除了其传统的小额信贷、微型金融等金融扶贫手段外，还积极推动社区金融赋能、金融教育、金融咨询等，推动金融反贫困事业的发展。而社区则通过非正式的、合作式的金融制度安排，对提高金融服务的可及性及贫困人口金融福祉产生重要的推动作用。没有哪个单一的金融服务提供者能够独自做到为贫困人口提供适宜且多样的金融服务，贫困人口脱贫的多样化需求需要一系列金融服务提供者的通力合作。在这一部分，我们将对主要行动主体参与金融反贫困的情况做概要性介绍，在后续章节中将更为详细地讨论。

一、国际多边金融机构

在全球发展领域活跃着众多的国际多边金融机构，如世界银行、国际货币基金组织、联合国开发计划署、亚洲开发银行、非洲开发银行、美洲开发银行等，这些机构的成立初衷之一在于通过提供与组织长期贷款和投资项目，解决发展中国家发展经济的资金需求问题。其中世界银行成立于 1945 年，又称“国际复兴发展银行”，自成立以来，会员国数量逐步增长，截至目前，已经发展到拥有 180 多个成员国，可以称得上是名副其实的全球性金融机构。

而亚洲开发银行、非洲开发银行、美洲开发银行等区域性的多元金融合作组织，旨在为各自服务区域的发展计划提供资金支持、技术支持和贸易环境。这些国际多边金融机构是金融反贫困的重要推动者，活跃于区域发展、性别平等、环境保护、民营经济特别是中小企业成长，以及灾害应对、人道主义危机应对等领域，为全球减贫事业的发展提供了强大助力。但另一方面，国际多边金融机构也面临着批评。其所提供的贷款和投资项目往往会绑定"附加条件"，诸如推动政治改革等，这些做法未必符合受援国的需求，从而弱化了受援国的国家主体性等。

然而，总体来看，国际多边金融机构依然是国际减贫领域最为活跃的主体，作用不容小觑。问题在于如何进一步提升金融项目服务贫困群体、贫困社区的能力，增强服务的可持续性、有效性。

二、政府机构

这里所言的政府机构是在国际发展援助的语境下讨论的，既包括作为援助国的发达国家，也包括作为受援国的发展中国家，二者的干预对发展的实践形态均产生着重要影响。二战以后，在马歇尔计划的推动下，欧洲经济快速恢复，发达的资本主义国家出于多重政治经济因素的考虑，建立了面向发展中国家的援助体系，如美国、英国、日本等国家成立了专门的发展援助机构。而在 OECD 框架下，发达国家组建了官方发展援助的阵线。这些援助国与上文所言的国际多边金融机构往往有广泛的联系与合作，共同推进国际援助的发展。早期阶段，发展援助主要以投资、贷款等形式直接投放，此后则有计划地逐渐覆盖到经济社会基础设施、技术援助等领域。

经过数十年的发展，由发达国家主导的国际发展援助体系固然取得了一些成绩，但其援助的有效性亦颇受质疑。尤其是2000年以来，如何改造既有的发展援助模式，提升发展援助的有效性，成为国际社会的普遍关切。近年来，随着新兴经济体的崛起，国际发展合作领域尤其是南南合作领域焕发新姿，不仅传统合作优势项目得以延续，基于共建共享的命运共同体理念，南南合作领域涌现出众多值得称道的经验和模式。其中，中国政府积极推动的对外减贫合作赢得了国际社会的普遍好评，被誉为新南南合作的典范。特别值得一提的是，中国政府推动的发展合作项目，注重与伙伴国家共商、共建，尊重发展伙伴的需求和实际情况，为国际减贫事业做出了重要贡献。在此框架之下，资金融通推动了合作共建，成为构建没有贫困的人类命运共同体的有机组成部分。

发展中国家的政府是推动国内经济社会发展和减贫的主体。在金融反贫困领域，发展中国家的政府积极开展与国际多边金融机构的合作，争取投资和贷款，同时积极筹措资金、推动改革，活跃本国的金融体系，在推动金融服务普惠性方面做出了持续的努力。在实践层面，主要做法包括面向贫困地区和贫困群体提供直接的信贷支持、引导和支持商业化金融机构提升金融的普惠性以及实施金融赋能计划等。

三、商业金融机构

商业金融机构是现代金融体系的重要组成部分①。前文已述，政府及非

① 洪传尧、伦祖炜：《进一步加大海南省县域经济金融支持力度的对策及思考》，《时代金融》2009年第11期。

政府组织推动的金融反贫困工作存在一个直接的背景：追逐利益最大化的商业化金融服务体系具有明显的城市偏向和工商业偏向，并且天然地不具有普惠性质，在对农村、中小企业、贫困群体等服务对象提供金融产品和服务方面动力不足。然而，不可忽视的是，近年来，在新技术应用、企业社会责任运动等因素的影响下，商业金融机构亦广泛地参与到普惠金融的实践中。

四、非政府组织

非政府组织是金融反贫困领域的重要行动者。特别是在发展中国家，由于金融体系发展不够成熟，农村金融发展十分薄弱，贫困农户的金融需求难以得到有效满足。格莱珉银行构成了非政府组织参与金融反贫困的典范，这种模式在孟加拉国取得了巨大成功以后，被国际发展组织与各国政府积极倡导和推广，已经在国际减贫领域占据了重要的位置。整体而言，在政府的金融服务体系难以有效惠及贫困人口的条件下，非政府组织主导的小额信贷模式确实为众多贫困人口金融需求的满足带来了曙光，并且在一些国家和地区取得了切实的成效。尤其是针对女性、残疾人的金融服务，较为有效地促进了这些群体可持续生计和尊严的实现与捍卫。从另一个角度来说，非政府组织活跃在减贫治理的众多领域，本身就构成了推动减贫的力量。可以说，通过金融扶持促进减贫非政府组织的发展，也构成了金融反贫困的重要内容。

第三章　金融社会工作与减贫治理

金融社会工作诞生至今不过二十多年，但其在减贫治理方面所蕴含的巨大潜能，得到了知识界和实务界的广泛重视。金融社会工作坚持“结构—制度”与“认知—行动”相结合的理论与实务路径，即在重视和倡导资产社会政策、普惠金融环境建设的同时，强调通过金融教育等手段重塑个体的金融认知，提升其金融能力，核心在于通过改善服务对象及其家庭的金融福祉，提升其自我可持续发展能力。在这一章，我们将首先回顾金融社会工作的内涵及其发展历程，继而简要介绍金融社会工作的基本概念和理论框架，以及常见的金融社会工作实务方法。

第一节　金融社会工作概述

社会工作服务中的金融议题，早在玛丽·里士满(Mary Richmond)的《社会诊断》一书中就已经有所涉及，玛丽·里士满提出，应注意从资产和金融视角理解服务对象的困境。相应地，以资产、能力、生计的方法协助服务对象对有效改善其境遇具有十分重要的意义，因此在评估服务对象的情况时，应该考虑服务对象的相关因素[①]。虽然玛丽·里士满很早就提出金融议题对理解案主困境及能力提升具有重要意义，然而在救助式的社会福利体系中，能力为本的思维和行动框架显然不是主流模式。与此相对应，有关贫困人口资产和金融的相关政策议题虽然在西方社会政策体系中由来已久，但一直没有形成相对体系化的理论和方法。20 世纪 90 年代，积极社会政策与发展型社会工作理念的提出，促使众多研究者重新审视社会工作理论和实务中的一些基础概念，如需求和能力。之后，理论和实务界掀起了重新发现需求的知识范式和实务方法，尤其是在以能力为本的社会工作理论的关照下，人们对能力的理解更为宽泛，并将缺失的资产和金融维度找了回来。迈克尔·谢若登夫妇的资产建设理论不仅促进了积极社会工作理论体系的完善，也为金融社会工作的发展奠定了坚实的理论基石；继而丽塔·沃尔夫松(Reeta Wolfsohn)系统阐释了金融社会工作的基本框架和实务要点。

我们还应注意，金融社会工作的理论和方法体系仍处在不断发展和完善的过程之中[②]，尤其是滥觞于西方发展和社会服务实践的概念框架与行动模式，在应用于“外部”场景的过程中不可避免地会遇到在地化的问题。因此，我们将从专业文献的回顾中概述金融社会工作的基本内涵，继而在其发展历程中进一步澄清要义。

① 巫正洪、吴世友、Gina A. Chowa：《社会工作实践的新方向：金融社会工作》，《中国劳动关系学院学报》2013 年第 6 期。

② 林典：《金融社会工作：缘起、内涵与实务》，《社会工作与管理》2019 年第 2 期。

一、金融社会工作的发展历程

众所周知，社会工作滥觞于慈善救助的实践，其秉持人道主义的价值理念，以助人自助的专业坚持，逐渐从贫民救济或慈善事业中脱胎成长起来。早期的社会服务和社会救助多是由教会或者私人领办的个人施舍或慈善，各种各样的慈善团体和社会组织为有需要的人提供救济和帮助。在慈善组织会社及社区睦邻中心提供服务的过程中，或多或少都注意到了受助者的金融知能，这或许可理解为金融社会工作的早期萌芽，其在具体实践中体现为鼓励受助者注重日常的节俭以及有效的储蓄。针对这一主题，一些慈善组织会社还开展了相关的服务项目，比如对受助者进行日常的家政指导、发放储蓄券、开办可进行小额储蓄的银行等，以此来提升受助者的金融知能。

社会工作的先驱玛丽·里士满在其里程碑意义的作品《社会诊断》中也提到了社会工作的实务应关注金融议题，主要观点包括社会工作者应关注服务对象的社会环境和金融压力。玛丽·里士满认为，来自职业、工作和其他资源的收入，每个月的开支，信用卡的使用，债务，储蓄和资产等各种理财方面的议题都应在社会工作者的评估和服务提供范围之内①。但是在这一时期，对金融议题的社会工作关照显然没有形成体系，通过提供福利救助的方式来解决服务对象所面临的经济和财务问题依然是主流。从救助效果上来看，救济型的帮扶并没有根本性地改善案主的经济和财务状况，甚至反而使受助者产生了依赖心理。研究者基于长时段的参与式调研发现，社会工

① US Financial Literacy and Education Commission. Taking ownership of the future: The national strategy for financial literacy, 2006(Washington D C).

作者可以根据贫困群体的需求，通过教育和训练提升其金融知能，改善其金融健康，从而提升其金融福祉。在某种程度上，社会工作者的协助能够激发服务对象的内在潜能，使他们能够自己掌控经济财务，处理自己的生活。

迈克尔·谢若登教授指出，对于贫困家庭而言，收入只够用于维持其日常消费，但是资产却能从根本上改变人的思维方式和行为特点，对于促进贫困群体稳定地摆脱贫困状态具有重要价值，可以说资产建设理论为金融社会工作的发展带来的是启发式的作用。丽塔·沃尔夫松于 1997 年提出了“金融社会工作”这一概念，并积极推动金融社会工作的实践。沃尔夫松根据自己多年来帮助社会弱势族群提升其金融知能的工作经验，成立了金融社会工作中心。在沃尔夫松看来，个人金融财务问题不仅仅与自身有关，其实也与其家庭、社会环境等诸方面存在关联。开展社会工作的过程中不能忽视一个问题，即“人在情境中”，金融财务的议题与弱势群体从个人、家庭到社会福祉紧密相连①，但准确理解服务对象的处境与需求，不能忽视的内容是对其生活环境的考察，也应促进其与环境关系的调适和改善。

二、何谓“金融社会工作”

目前，知识界和实务领域尚未形成对“金融社会工作”的统一认识，研究者从各自的学术视角和经验关切出发，界定金融社会工作的内涵及其实务典范。大致而言，主要形成了“资产建设说”和“金融治疗说”两种较具有代表性的观点。其一，资产建设说。秉持资产建设理念，迈克尔·谢若登夫妇

① 李青：《金融社会工作与反贫困：社会工作反贫困研究中的经济性议题》，《华东理工大学学报（社会科学版）》2018 年第 4 期。

主张金融社会工作应聚焦于以资产为本的社会服务实践。他们认为，以收入为中心的减贫政策在实践中往往成效不彰，而通过资产建设则更有益于贫困群体形成可持续发展的内生动力，因而在反贫困实践中应当更加注重资产积累①。其二，金融治疗说。首创金融社会工作概念的丽塔·沃尔夫松则结合长期的金融治疗经验提出，仅仅从金融技巧和工具的传授来帮助案主不足以促使其改变金融行为、进入健康的金融状态，实务中需要特别关注案主的自我感觉、自我认知和自我价值感，这些要素对于个体的金融行为具有非常重要的影响。基于以上认识，丽塔·沃尔夫松从实务的角度出发，认为金融社会工作是增强案主的自我知觉、提供金融知识、帮助案主整合日常生活中的金融决策的实务模式，“主要聚焦于处理驱动案主的金融行为的思想、情感和态度②，运用金融治疗和金融知能理论，来协助案主厘清与金钱的关系，发展管理金融压力的技巧，减少破坏金融福祉的行为，解决影响其金融行为的情感问题，进而达到个人和社会的整体福利”③。

目前，知识界普遍认同迈克尔·谢若登夫妇与丽塔·沃尔夫松教授的观点，促使金融社会工作逐渐成为一门学科，形成了广为人们接受的知识和实务基础。按照丽塔·沃尔夫松的观点，金融社会工作是“沟通案主与金融”的一种模式，建构这种模式的作用是提高案主的金融能力。关于如何提高案主的金融能力，丽塔·沃尔夫松强调：首先，要着力激发案主的金融意

---

① Sherraden M. S., Birkenmaier J., Collins J. M., *Financial Capability and Asset Building in Vulnerable Households: Theory and Practice*, New York: Oxford University Press, 2018: 5.

② 林典：《金融社会工作：缘起、内涵与实务》，《社会工作与管理》2019 年第 2 期。

③ 林典：《金融社会工作：缘起、内涵与实务》，《社会工作与管理》2019 年第 2 期。

识，让他们萌发开展储蓄、投资、信贷等金融行为的驱动力；其次，在驱动力的作用下，向他们普及有关金融的专业知识，让案主能够独立地处理好相关的问题；最后，学会正确使用自己已掌握的、相关的金融知识，尽量避免出现由管理不善而带来的金融恶果，从而让金融在减贫领域发挥应有的作用。换言之，沃尔夫松认为，金融社会工作的重心应放在对贫困群体金融知能的养成和训练方面。与此相对，迈克尔·谢若登关于资产建设的理论则从另外的维度阐明了金融社会工作的内涵，即金融社会工作所救助的对象包括低收入群体、少数族群、儿童、少年、老年人及失能者①，金融社会工作通过宣传金融领域的相关知识来增进个人、家庭以及社区的金融能力，这些知识主要包括金融涉及哪些领域的服务、怎样进行资产积累等。美国马里兰大学专门从事社会工作教育项目的社会工作学院对金融社会工作给出了这样的解释：金融社会工作不仅仅是面对个人的②，而且还是面对家庭和社会的③。从微观层面来讲，金融社会工作面对个人和家庭采用直接个案工作方式，通过采取协助和干预的措施，帮助服务对象建立或重建金融安全，促进其心理和社会功能的建设能力的提升。从宏观层面上来说，通过倡导和推动普惠金融的支持体系，构建金融支持网络，积极引导社区搭建互助的金融平台、建立制度、促进参与，并充分协调周边资源，开发与个体、家庭相匹配的金融产品和服务。

综合上述观点，我们认为，所谓“金融社会工作”指的是社会工作者围绕

---

① 林典：《金融社会工作：缘起、内涵与实务》，《社会工作与管理》2019 年第 2 期。
② 林典：《金融社会工作：缘起、内涵与实务》，《社会工作与管理》2019 年第 2 期。
③ University of Maryland School of Social Work (2010). University Retrieved from http://www.ssw.umaryland.edu/fsw/.

促进和提升服务对象的金融认识、能力、习惯，改善其金融环境等议题，从服务对象的优势出发，综合运用心理—社会视角、行为治疗视角等介入手段，通过教育、鼓励、支持等方式促进服务对象掌握有关的金融知识，通过提高其理财能力来改善服务对象的财务状况①，最终达到个人与社会的改变②，其重点在于通过金融知能和资产建设实现个体或家庭的可持续经济状态与发展能力提升。

第二节　金融社会工作的理论体系

诚如金融社会工作的重要奠基人迈克尔·谢若登夫妇所言，金融社会工作的理论体系仍在持续发展和完善过程中。但毫无疑问，目前已经达成了一些重要的共识，特别是关于金融能力和资产建设的讨论，不仅得到了理论界的承认，在政策和实务领域也产生了广泛的影响。大致而言，对金融社会工作理论体系的研究主要聚焦两个方向，即结构取向和行动取向。实际上我们可以看到，丽塔·沃尔夫松的研究更多是集中在“认知—行动”取向上，其互动内省式行为模式强调个体的金融认知健康和金融能力建设。当然，丽塔·沃尔夫松也会关注资源分配的议题，但重点仍在于认知和行动层面。相对而言，迈克尔·谢若登夫妇的资产建设理论则属于更具有结构取向的视角，它关注“资产社会政策”，认为凡是广泛地和普遍地通过促进公民和家庭获得不动产和金融资产，从而增进他们的福利方案、规则、法律法规

① 林典：《金融社会工作：缘起、内涵与实务》，《社会工作与管理》2019 年第 2 期。

② 尹银、张琳：《金融社会工作为老服务：老年人的金融服务需求与应对》，《社会工作与管理》2020 年第 2 期。

的政策,都属于资产社会政策①。资产建设理论从对福利国家危机之后的社会政策反思中走来,提出了理解贫困的“福利三要素”理论,即个体的经济与福利状况(财政状况)取决于就业、家庭和政府(政府转移支付)三个方面。从现实层面来看,贫困人口实际上往往资产匮乏,难以形成有效的资产积累和资产收益,家庭的福利功能往往十分有限,因而政府的福利供给构成其主要的收益来源。但问题在于,政府的福利政策往往只能维护贫困人口生活的“低水平均衡”,没有促进其自我发展能力提升的作用,这种政策自然有失公正,同时也是低效率的。鉴于此,以资产社会政策促进贫困人口通过资产建设形成稳定的资产及资产性收益,不啻更有效的社会政策安排。值得注意的是,虽然谢若登教授非常注重对资产社会政策的制度讨论,但同时也非常重视通过金融教育、资产社会政策规则设计来改变个体的金融观念和金融行为。换言之,结构取向和行动取向的金融社会工作,虽然侧重点不同,但实则不可偏废结构层面和行动层面的改变,它们对于促进贫困群体的金融福祉实现而言不可或缺。

一、资产建设:结构—制度的金融社会工作研究

资产建设理论指政府或者非政府组织有计划地帮助社会弱势群体实现相应的资产积累,从而帮助他们走出困境,实现自我发展,其强调建构一套积极的资产建设方案(政策体系),重塑穷人的未来,提高个人或家庭采用积

① [美]迈克尔·谢若登:《资产与穷人:一项新的美国福利政策》,高鉴国,译,商务印书馆,2005。

极有效的行动实现生活目标的能力。该理论把资产积累看作促进穷人发展的一种途径，主要的实务策略有蜚声国际的个人发展账户等。诚如迈克尔·谢若登夫妇所言，资产建设理论的兴起是对既往反贫困社会政策实践的反思。传统减贫政策的基本做法是通过政府财政支付转移的方式保障穷人的基本生活。政府提供社会救助的目的实际上是通过提供产品和服务来满足穷人的基本消费，这是一种以收入再分配为核心的社会福利政策。但随着竞争的日益加剧，大量弱势群体的贫困问题日益凸显，传统的救济式扶贫模式不仅虚耗公帑，对贫困人口的自我发展能力亦无实质帮助，并且还滋生了依赖等道德难题；除此之外，随着人口老龄化趋势日趋严峻，传统的以收入再分配为核心的社会福利政策受到了挑战，在这样的社会压力下，建立以资产建设为核心的积极社会政策迫在眉睫。具体而言，资产建设理论强调要首先对贫困问题及贫困人口的需求进行重新理解。迈克尔·谢若登教授认为，对贫困人口减贫需求的有效回应，如果不能关注到资产性议题，无疑是不完整的，由此可以说，资产性社会政策是推动贫困人口可持续生计形成的关键。

将上述观点运用到金融社会工作领域，资产建设理论为金融社会工作实务奠定了有效的理论基础，实务领域通过资产建设的方式提高个人或家庭的资产管理成效、优化其能力结构。可以说，金融社会工作就是建构在资产建设理论的基础上对弱势群体的金融赋权。具体来说，包括激活穷人的储蓄意愿，通过资产建设的手段让资金活起来，使他们掌握正确的理财方式，通过能力的建设使他们对自己负责等。显而易见，金融社会工作的理念和方法区别于以往以提高收入来改变贫困的方法，而是强调通过金融赋权与赋能，改善个体和家庭的金融与社会行为，促使其摆脱贫困状况。资产建设的过程不仅是强化金融观念和促进金融行为改变的过程，也是促使服务对象解放思想、发现和发掘潜能，对自己充满信心和希望以及提升个体尊严的过程。在此意义上，行为的转变和社会环境的改善也理应被纳入金融社会工作的范畴。

二、金融知能：认知—行动的金融社会工作研究

与坚持结构—制度取向的资产建设理论的观点有所不同，认知—行动取向的金融社会工作将关注点放在个体的金融认知、金融能力和金融行为方面。其基本的预设在于：个体层面的改变对摆脱贫困来说如果不是更加重要，至少也是同样重要。具体来说，“金融知能”主要包括金融知识和金融能力两个部分。贫困群体缺乏金融知识会限制其参与金融市场、享受金融服务的能力，而向这些金融知识匮乏的居民普及有关金融知识，则会推动他们参与金融市场，为个体和家庭借助金融服务实现潜能、抵御风险提供一定的支撑，并且随着金融知识的增加和金融条件的改善，通过金融手段获得资产收益对于他们来说也具有十分重要的作用。

按照行为经济学的研究成果，贫困群体在金融知能和经济行为方面存在一系列独有的特点：相较于投资性支出，更倾向于消费性支出；保持了一个较高比例的人情支出水平；倾向于短期可见收益的投资，风险厌恶水平高；等等。显而易见，这些特征既是贫困的“结果”，同时也构成了其难以摆脱贫困的原因。鉴于此，加强个体层面的金融教育和金融赋能，帮助其转变金融和经济行为，将有助于打破“贫困的螺旋”。正是基于这样的认识，金融知能理论提出，可以通过对贫困弱势群体普及金融教育，帮助他们掌握关于

金融方面的相关知识，使经济弱势群体在对金融知识不断增进了解的基础上，根据自身的实际情况，更有针对性地、更有效率地做出符合自身期望和现实条件的金融决策。

在具体实践中，社会工作者在展开有关金融知能建设时，可以通过提供相关金融知识的讲解，如介绍金融政策和金融工具改变个体行为、际遇的案例，来影响服务对象的认知。其中有几个环节至关重要：其一，提高服务对象对金融的认知能力，这里主要是指意识的提升，使其了解金融服务在改善个体和家庭境遇方面可能的助益和风险。其二，指导其安全获得金融支持的方法。对于经济弱势群体而言，初始资本不一定能够支撑他们开展相关的经济活动，通过金融服务可以为其提供一些支持，但同时也应让他们知道金融不同于救助，是市场行为，需要承担风险，因此需要负责任地使用金融服务。其三，服务对象开始接触和使用金融服务并不是服务的终点，甚至可以说这才是金融社会工作服务的起点，在开始实施金融行为以后，需要指导其有效利用信贷资源开展生产和经营，保持金融可持续。其四，对非生产性的金融服务项目，要注重与服务对象的可持续发展能力建设相结合，促使其认识到储蓄、投资等金融手段对于改变个人及其家庭发展轨迹的长期意义。

总而言之，金融社会工作者要多层次、宽领域、全方位地向经济弱势群体讲解有关金融的知识，使他们更好地开展金融投资。在社会工作者开展活动的过程中，可以采取个案辅导、家庭参与、小组成员互助、社区金融知识讲座等形式，充分利用好个体、家庭、小组和社区主体间的互动与交流学习，使金融教育发挥最大化的效能。在经济弱势群体掌握了一定金融知识的基础上，提高个体的金融能力，如相关的金融理财能力、辨别金融信息的能力以及做出金融决策的能力。金融能力不外乎一个人自身所具备的金融素养，这里的素养一方面是指对金融知识和技能的掌握，另一方面是指每个人获得的金融机会，而资产建设能力就包括普惠性、社会化的金融政策。

三、简要的梳理和总结

通过对以上理论的梳理，我们不难发现，在金融社会工作视角下，政府依然扮演着十分重要的角色[①]，但是单纯依靠政府的救济远远不够，而内在动力则着眼于服务对象自身能力的提升，也要善于运用资产建设的政策，助力贫困群体改善境遇。与此同时，个人层面的认知转变和能力发展同样至关重要。

资产建设理论和金融知能理论分别从"结构—制度"取向与"认知—行动"取向的角度探讨了金融社会工作的必要性及其可能的路径，而这种区分并不绝对，在研究和实务中，两者间往往存在着一定的交叉，如在迈克尔·谢若登夫妇的讨论中，金融教育同样是非常重要的议题。在谢氏夫妇看来，金融教育是促进个人金融能力提升的重要渠道，如果没有金融教育，就很难达到财产累积和使经济弱势群体的金融能力得到提升的资产建设目的[②]。上述观点在以资产建设理论为基础的实务工作典范——个人发展账户（后文详述）中有着生动展现，参与个人发展账户的直接目标自然是帮助经济弱势群体摆脱贫困状态，而从间接目标来看，金融教育有助于提升个人的投资能力，实现长续有效的发展。在丽塔·沃尔夫松的金融社会学知识体系中，结构和制度层面的因素也有着重要的位置，在处理经济弱势群体的金融问

① 徐洋：《普惠金融与人的全面发展——基于省级面板数据》，《武汉金融》2018 年第 4 期。
② 林典：《金融社会工作：缘起、内涵与实务》，《社会工作与管理》2019 年第 2 期。

题时，不能单纯地仅考虑个人，而是要将社会工作中的"人在情境中"的方法渗透进去，即将个人的经济问题与家庭、社会问题相联系，从大的政策环境方面寻求一定的金融支持，即从制度层面上寻求金融支持。

综上所述，两种理论观点之间与其说是流派的差异，不如说是形成了互补的理论框架，只是在一个完整的架构中，各自突出强调了某一方面内容的重要性，但这并不代表对另一方观点的否定。社会生活领域的加速金融化对每个人的金融能力提出了一定的要求，拥有必要的金融知能不仅是金融社会发展的重要内容，同时也是个人追求美好生活的一项基本素养。此外，要想实现金融福祉，首先要加强金融环境的包容性和支持性政策体系的建设，只有普惠的金融体系和个体层面的金融知能结合起来，才能真正起到增进个人和家庭金融福祉的作用。

第三节　金融社会工作的实务方法

金融社会工作发展仅二十多年的历史，但这一领域的知识理论和实务方法的发展却非常迅速，尤其是在资产建设和金融知能理论的影响下，金融社会工作的实务领域和服务对象不断拓展，实务方法和模式不断丰富，实务技巧和规范程序不断提升。以下我们将从金融社会工作的服务对象、价值观、实务模式与实务技巧四个方面来介绍金融社会工作实务方法的主要内容。

一、金融社会工作的服务对象

方舒等指出，金融社会工作往往涉及儿童、青少年、老年人、残疾人、贫困人群等社会群体①，这些人群都呈现出一些共同的特征，即具有较高的金融脆弱性、经济状况薄弱、收入来源较为单一且稳定性差，以及自身所具备的专业技能较低等；在金融知能方面，这些群体往往缺乏资产经营的观念和能力，并且难以享受到商业金融服务的帮助。在一些国家，金融社会工作的服务对象还包括一些机构，如公立与私立大学类的学校、私人诊所式的医院、各级相关政府部门、社会保险部门、社区相关行动机构、企业以及其他各种非营利部门和非政府组织等。

值得注意的是，金融社会工作的服务对象的范围在不断拓展。早期的金融社会工作往往与贫困治理直接相关，如关注通过让贫困群体能够平等地享受金融服务（发展普惠金融）来推动其自我潜能和尊严的实现，又如通过儿童发展账户协助低收入家庭进行长期的人力资本投资，从而帮助他们走出贫困的代际传递。而近年来，随着整个社会金融化程度的加深，越来越多的群体在适应金融环境，特别是互联网和数字金融环境方面遇到了困难，再如金融社会工作的服务内容不断拓展，增加了关于大学生的财务规划和理财训练、老龄群体的技术赋能等。不难发现，金融领域日新月异的发展，给从事金融领域社会工作服务的机构和人员提出了越来越高的要求，金融社会工作者首先要掌握相对全面、系统的金融知识，然后才能具备用专业知识和实务手法帮助案主的能力。

二、金融社会工作的价值观

无论是在国内还是国外，金融社会工作都属于新兴领域，而近年来理论

① 梁国利、周熙明：《新时代金融社会工作本土化发展路径》，《沈阳大学学报（社会科学版）》2020 年第 6 期。

和实务的发展却非常迅速。众所周知，社会工作的价值观是利他主义，以科学的知识为基础，运用专业的理论和方法帮助有需要的群体，帮助其解决生活上面临的困难，帮助其认识、发掘和实现自我潜能，促进每个个体获得尊严①。金融社会工作继承了社会工作的专业价值观，强调以金融服务促进人的福祉、以金融知能激发人的潜能并体现尊严。大致而言，金融社会工作的价值观具体表现在以下几个方面。

其一，扶危济困，促进社会正义。通过协助弱势群体改善金融知能，帮助他们借助金融服务改善生活境遇，特别要关注在享受普惠金融支持方面仍有困难的特殊群体。虽然金融社会工作是一个比较新兴的领域，但还是脱离不了社会工作的基本宗旨，即扶贫救济以及帮助他们解决最基本的需求问题。其二，相信案主的潜能。特别是相信服务对象能够在金融服务的帮助下，不断发现和激发自身的潜能。其三，体现金融服务的普惠性质。金融不仅仅具有市场和商业属性，同时具有公共福祉属性，是激发人的潜能必不可少的支撑体系。因此，每个公民都有权享受金融服务，要不断提升金融服务的普惠性和包容性。其四，注重利用多元主体间的网络支持。与政府、非政府组织、商业化金融机构、社区、重要他人结成行动网络，重视社会资本和人际关系对促进案主金融健康的重要性。其五，尊重案主自决。培养案主对风险的清晰认知，避免陷入金融(经济)危机。

① 王莎莎、严云鹤:《社会工作介入农村青少年隔代教育家庭的路径探索》,《农村经济与科技》2021 年第 17 期。

三、金融社会工作的实务模式

金融社会工作的实务模式大致可以划分为直接的金融社会工作和间接的金融社会工作①。其中，直接的金融社会工作模式包括发展账户管理、社区互助金融、金融知能教育、财务收支管理、资产积累与发展及信用能力建设等；间接的金融社会工作模式包括通过公益金融、金融扶持小微企业、社会企业、公众教育等形式促进普惠金融的环境建设。按照工作领域进行划分，则可以分为面向个人（如儿童、青少年、妇女、残疾人）的金融社会工作、面向小组的金融社会工作以及面向社区的金融社会工作。下面将简要介绍三种常见的金融社会工作实务模式②。

（一）儿童发展账户（CDA）

在谢若登夫妇资产建设理论的指引下，不少国家推动了儿童发展账户项目③。简单来说，儿童发展账户模式旨在通过“跨代干预”的方式阻断贫困的代际传递，同时转变家庭的经济行为和发展预期④。具体而言，儿童发展账户指社会工作者帮助低收入家庭建立投资儿童教育和健康成长的专门账户，通过配套支持的方式鼓励父母每月为儿童的教育和健康成长进行储蓄，继而协助家庭养成长期的理财规划习惯，培养向儿童人力资本投资的自觉观念和行动，在构建贫困儿童成长发展支持体系的同时，影响低收入家庭的

---

① 林典：《金融社会工作：缘起、内涵与实务》，《社会工作与管理》2019 年第 2 期。
② 文军、刘昕：《近八年以来中国社会工作研究的回顾与反思》，《华东理工大学学报（社会科学版）》2015 年第 6 期。
③ 方舒、兰思汗：《金融社会工作的本质特征与实践框架》，《社会建设》2019 年第 2 期。
④ 邓锁：《资产建设与跨代干预：以“儿童发展账户”项目为例》，《社会建设》2018 年第 6 期。

理财和生活观念，促进其形成积极的价值观和行为方式。从理论层面来看，儿童发展账户在贫困家庭父母和子女之间搭建起互动的桥梁，通过发展账户给儿童成长提供支持的同时，也为促进代际的积极反馈提供了契机①。

还应注意到，儿童发展账户的价值不仅体现在为低收入家庭的儿童提供教育的机会和支持，同样重要的是，儿童发展账户帮助低收入家庭形成财务规划的理念和能力，凝聚家庭成员摆脱当前状况的信心和努力，增进代际互动和沟通，这体现出儿童发展账户项目在结果目标和过程目标上的统一。

（二）金融教育(Financial Education)

金融教育是金融社会化的组成部分，目标是让服务对象能够适应金融生活环境，促进个人权利和能力的实现②。特别是在金融应用场景不断丰富、各类良莠不齐的"金融产品"不断出现时，它可以帮助金融知识匮乏的人群提升认知和能力，具有防范风险、增进福祉的作用。从防范风险的角度来看，其可通过金融教育避免"校园贷"给大学生带来危害，也可向社区居民普及防范金融风险的知识等③。从增进福祉的角度来看，则包括帮助服务对象了解可及的金融服务，以及如何利用这些金融服务促进个人发展等。开展金融教育服务时，社会工作者可以扮演"技术专家"的角色，自己首先掌握相关知识，进而向服务对象介绍和传授，也可以扮演"资源链接者"的角色，邀

① 邓锁：《资产建设与跨代干预：以"儿童发展账户"项目为例》，《社会建设》2018 年第 6 期。

② 方舒、兰思汗：《金融社会工作的本质特征与实践框架》，《社会建设》2019 年第 2 期。

③ 周晓春、邹宇春、黄进：《青年的金融风险、金融能力和社会工作干预》，《青年研究》2019 年第 3 期。

请相关专业人员开展培训和宣讲。值得注意的是，除了政府部门面向有需求的群体开办的金融教育服务外，越来越多的商业银行、非政府组织、金融志愿者正在参与到金融教育的事业中。我们相信，随着社会金融化程度的加深，金融教育将衍生出越来越多的需求，尤其是对一些特殊群体的金融教育服务将具有更加重要的意义。

（三）互助金融

互助金融是合作金融的一种实现形式，在乡村社区发展情境下有着较为广泛的应用。互助金融的基本思想是搭建社区层面的金融互助组织，并建立相应的规章制度，社区居民通过“参股”的形式加入金融合作社，在缴纳一定数额的“存款”后，享受按照比例放大倍数获得贷款的权益。同时，互助金融往往与生计发展项目联系在一起，强调通过组织化的方式，借助互助金融的形式，促进社区居民的生存与发展，培育更有动力的生计能力，获取更为充足的生活、生产资本。

四、金融社会工作的实务技巧

前文已述，金融社会工作作为社会工作的分支领域诞生时间较短，目前甚至很难找到比较系统的关于金融社会工作实务方法的讨论。但得益于社会工作百余年的理论和实务技巧储备，我们可以尝试借用社会工作的实务技巧并融合金融行业的相关知识，进而为金融社会工作的实务技巧提供参考和借鉴。

（一）倾听技巧在金融社会工作领域的运用

帮助服务对象澄清问题、发现改变的可能、调动各类潜在的资源和能力是社会工作服务的重要方法。而这一切都建立在有效的倾听基础之上。具体到金融社会工作服务，就是要主动倾听服务对象的话语信息，包括消费习惯、日常的金融习惯、对金融的认知、在金融方面遇到的困扰等。特别是，要通过倾听了解服务对象的困扰与需求，了解其认知与态度，了解其愿望与潜能。与倾听相伴的还包括有效的反馈，特别是对服务对象所阐述的内容有所疑惑的地方，要及时向服务对象了解清楚，避免将自己的主观臆断强加进去，避免用自己的判断去左右服务对象的信息。在开展面向社区的金融社会工作服务的过程中，金融社会工作者需要全面地掌握服务对象的信息，不仅需要掌握服务对象个人的信息，而且还需要掌握社区内成员之间互动所传达的信息，这样更有利于发掘社区内的资源，更好地服务社会。首先，在倾听过程中，金融社会工作者要保持注意力的集中，避免漏掉其中有价值的信息；其次，在聆听的过程中不能施以过度的压迫感，让服务对象处于一种自在轻松的状态下不仅利于交流，也更能获取服务对象的信任。在对服务对象有了一定了解后，结合专业知识对服务对象进行深度分析，了解服务对象的已有能力和还需要提升的必备素养，有针对性地向服务对象开展相关金融知识的教育。

（二）支持与交流沟通技巧在金融社会工作领域的运用

与其他的服务过程相仿，开展金融社会工作服务经常需要面对的情形是，服务可能并不能产生立竿见影的效果，而是有一个循序渐进的过程，甚至会面临既有方案的中断、调整与优化。因此，在实践过程中，服务对象如果看不到好的效果可能会产生挫败感，丧失自信心和对服务的信任感，鉴于此，在服务过程中，要对服务对象的心理过程有所关注，及时开展调适和疏导。这时金融社会工作者的支持、交流和陪伴就显得非常重要，有助于帮助服务对象重塑信心，推动服务顺畅完成。

（三）链接技巧在金融社会工作领域的运用

金融社会工作需要调动各类可用资源，协助服务对象改善其处境，提升其能力。这些资源可能包括个人、家庭、社区与公共政策等。常见的资源链接活动包括利用来自政府、社区、非政府组织、营利性企业等主体提供的有益资源。在服务过程中，金融社会工作者往往涉及搭建政府、高校、社工机构、社会组织以及社区等多主体参与的资源网络和支持网络。

（四）增能技巧在金融社会工作领域的运用

金融社会工作者的任务不仅是为服务对象链接直接的经济支持，更为重要的是增强服务对象的生计能力，提升服务对象的金融知能，以期帮助其形成可持续发展的内生动能，从而走出困境、提升福祉。因此，金融社会工作者通过自己所掌握的专业的金融知识和职业素养，帮助那些因金融知识欠缺，甚至由于财务问题已经影响到个人的生存状况及安全、社会需求的群体，以赋能的理念和方法，提升其应对财务问题的能力，这也是金融社会工作者需要努力的方向。

（五）事后回顾技巧在金融社会工作领域的运用

开展金融社会工作服务，社会工作者需要发现和了解该服务过程及其成效，找出好的地方在哪里、不好的地方在哪里，以及时纠正错误与形成经验。事后回顾技巧应该分阶段地进行，第一阶段是目标达成情况的基本评估。对于目标的完成情况的评估，可以邀请参与者一起完成，以进一步巩固社会工作者和服务对象之间的共识，增强服务对象对服务的理解，以及对服务过程中收获的转化与固化。只有在达成一致的前提下，共同评估执行目标的完成情况，以及甄别实现目标的计划与最终达成效果之间的差距，才能更好地梳理感受与总结经验。

活动参与过程的体验表达，要求参与者对参与过程进行客观反映，其实也就是对参与者的主观感受进行客观表达，比如说开展有关金融知识的普及时，服务对象吸收了多少，在此过程中什么样的方式是服务对象最容易接受也最容易吸收的，怎样才能将知识更好地转化到实践中，这些都需要在事后回顾的过程中有所体现。事后回顾的对象不是某个人，而是把金融社会工作服务对象的信息整合起来，共享经验和知识。事后回顾过程类似于头脑风暴，但是并不需要做到面面俱到，而是聚焦少数关键性的议题。在整个事后回顾过程中，无须刻意为了事后回顾而回顾，就是随意地进行交流，彼此将自己最真实的感受通过这种方式有效地表达出来。通过有效的交流与沟通总结经验，以将这些经验更好地运用到未来的服务中。

第四节　金融社会工作与减贫治理

金融社会工作的理论和方法体系为我们重新理解减贫治理提供了有益的视角和方法。特别是循着积极社会政策和积极社会工作的思路，我们能够重新认识既有减贫干预模式存在的困难及其实现突破的可能方式。

一、兜底性生活救助

简而言之，世界各国的反贫困政策主要围绕两大主题展开，一是兜底性生活救助,二是不同形式的发展干预。兜底性生活救助所辐射的对象主要有收入低和生活处于低水平状态的贫困者,直接面向穷人,为他们提供日常所需要的营养、基本的卫生支持、日常所需要的教育支持及生活补贴,最终目的是满足贫困者对日常生活的基本需求。兜底性生活救助在发达国家较为普遍,之所以会出现这样的局面,是因为发达国家的经济水平总体状况较好,贫困人口占国家总人口的比重相对较小,使实现较为普遍的救济式扶贫成为可能,兜底性生活救助在某种程度上也可以被称为福利制度,福利制度也逐渐成为发达国家的主要反贫困措施。瑞典被称为典型的福利国家,其所提供救济的服务范围包括:社会方面的服务、卫生服务、住房补贴、培训与就业和其他救济等方面。国家层面提供的这些救济服务织成了一张庞大的"福利网",能够有效地为穷人提供日常生活所需要的基本物质。

发展中国家受限于自身的经济水平,提供大范围的生活救济存在一定的现实难度,因此发展中国家有目的地将辐射对象的范围缩小,主要服务的对象为极端贫困者,以满足其最基本的生活需求为主要目标。从发展中国家向贫困人口所提供的救济来看,中国是世界上在解决人民基本需求方面比较成功的国家,从 20 世纪 50 年代初期开始,中国政府就明确实施救济式的减贫政策。在对农村进行改革以前,农民主要通过集体经济组织和"大锅饭"的形式来解决基本的生活困难,只有在生产队及公社的生产力均不足的情况下,国家才提供必要的救济政策,这种方式在某种程度上保证了在生产水平较低的条件下大多数人能够获得最基本的生活保障。但实践证明,这种方式容易降低生产效率和生产积极性,并不利于生产力的发展,只能短暂缓解农民的生活困窘状况,久而久之,还是会产生贫困者无法改善自身生活状况、农村出现普遍贫困的问题。农村基本生活保障制度发生根本变革的原因是人民公社制度的土崩瓦解。农村不再采用集体的方式，而是以家庭为单位，于是家庭成为独立的生产和消费主体①，家庭成了保障家庭成员基本生活的主要负责者，虽然基层组织仍然承担着为无收入来源且失去劳动能力的人提供基本保障的职能，但是对比之前，保障能力已经明显下降。

生活上的救济是构成反贫困的重要组成部分，特别是在短期效应上较为突出和明显。但是如果过分地依赖救济政策就会导致社会发展潜力不足，并会在一定程度上滋生被救济者的“等靠要”心理，也会出现养懒人现象，不仅如此，政府还会背上沉重的财政负担。斯里兰卡将满足人民的基本需求作为经济增长的中心战略，把收入的再分配作为反贫困的方式和途径，其为此付出了相当沉重的代价，在此过程中，失业率不降反升，这部分失业人群中大部分还是受过教育的知识分子②。即使是经济实力比较强的发达国家，长期福利制度的实施也暴露出了不少问题，比如政府因过重的财政负担而出现危机，希腊的破产就充分体现了这点。鉴于此，救济式的减贫政策固然能够在短期内满足贫困人口的基本需求，可是这一政策的实施并不能从根本上改善贫困状况，反而会在一定程度上加重政府的财政负担。

二、资产建设与减贫

贫困是一个长周期与持续性的问题，不可能在一夕之间就改变这种状

① 张云昊：《当代中国中西部农村地区社会分层的一个分析框架》，《中共四川省委党校学报》2005 年第 3 期。

② 韦革：《贫困理论和政府扶贫实践的社会资本逻辑》，《中国行政管理》2009 年第 9 期。

态，而资产建设就是要从根本上解决贫困的再生产问题。资产建设如何在减贫事业中发挥有效作用，主要是围绕资本与政策之间的关联进行探讨，从这一角度来深挖打破贫困的瓶颈到底在哪里，要想有所突破，突破口应该在哪里。上文提到的尤努斯成立的格莱珉银行，就是成功将资产建设的有关理论和知识运用到反贫困领域的例子，这一方式在孟加拉国取得了较好成效。随着资产建设理论的不断发展与完善，可以说目前的资产建设理论能够给实践提供一定的指导，并能够不断推动实践的发展。

谢若登夫妇的资产建设理论的提出为减贫提供了一个极具建设性的思考方向，因为它不是仅仅通过或者借助别人的手来缓解或者短期改变自身的状况，而是通过自身金融能力的提高来改善自身的生存状况，强调挖掘内生动力。谢若登夫妇的资产建设理论改变了传统意义上的救济式扶贫方式，换言之，就是由维持基本收入之上的消极的扶贫模式，转变为建立积极的、以资产建设为指导的社会福利政策。扶贫是一个过程性环节，通过引导贫困个人及其家庭有意识地对资产进行积累，但积累的资产并不是放着不用，而是在增加储蓄之后提高消费水平，并将自己的资产用来进行一些生产性的投资、小本创业，把资金用活，提升生活的自信，从而有效改变伴随着代际传递而呈现的贫困样貌。

谢若登夫妇的资产建设理论指出，从长远发展角度来看，要想长久地改变家庭的收入条件，就必须在住房、建设或者生产性等方面进行投资，这一观点不仅仅适用于低收入家庭，同时对于高收入家庭来说也依旧适用。对于低收入家庭的成员来说，他们可能没有大笔的资金可以进行投资与建设，面对此种情况，可以以个人发展账户为主要模式，除此之外还要充分发挥小额信贷在资产积累中的突出作用。鼓励低收入家庭进行资产积累可以带来很多积极的福利效应：通过投资来刺激家庭其他方面资产的发展，通过改善经济条件来提高家庭的稳定性，创造更多的未来发展机会，通过投资的过程来提高个人在金融方面的能力，低收入家庭整体水平的提升也能够改善整个社会的面貌。

资产建设理论的提出推动了全球发展性社会政策的发展，但是如何将资产建设理论更好地运用到中国，就不得不考虑本土性适应问题。谢若登夫妇的资产建设理论提出了一个假设分析，穷人致贫的原因主要在于资产的缺乏，根据一定的配款比例，激励穷人通过积累形成自己的资产，在此过程中需要对服务对象进行理财、投资、创业等方面的能力培训。但是资产建设是在特定的社会结构和社会制度的安排下进行的，整个资产建设的良好运作需要社会结构以及社会制度的配合①，中国要想更好地进行资产建设，就必须考虑到国情以及制度建设的整体状况，只有这样，才能使资产建设更好地在中国展开以及造福更多的人。

一般情况下，因为小额信贷并不需要财产抵押，只需要自身的条件符合项目的规定就可以提出相应的贷款申请，而且这类项目通常针对贫困人口，经济富裕人群是被排除在外的。小额信贷的这些特征，决定了其在贫困救助过程中的特殊作用，既能够解决穷人首要的资金短缺问题，又能够有效解决穷人贷款所面临的抵押问题。

中国目前根据资产建设理论的相关思路也提出了一系列有针对性的措

① 任保平、蔡炳权：《新农村建设：一个制度、激励、组织和能力视角的分析框架》，《福建论坛(人文社会科学版)》2008 年第 4 期。

施。首先是对社会政策的调整，体现为两个转变，第一个是逐步将过去消极的、以收入为基础的福利政策转变为积极的、以资产建设理论为基础的福利政策；第二个是由当前的开发式扶贫逐步转向发展式扶贫。其次是采取了一些有针对性的具体措施，为贫困群体建立发展账户。发展账户主要依据党的十七大报告中的内容而设立，以提高低收入者的收入水平、扶贫标准和最低工资标准，让更多群众能够拥有财产性的收入。政府以目前普遍开展的养老保险个人账户为发展支撑平台，通过社会力量与政府的力量，根据实际情况进行不同比例的注资，同时，要求账户所有者定期向个人发展账户中存储，以这种方式，通过多方力量促使其进行资产的累积，从而拓展成大减贫的格局。

资产发展账户不仅仅可以累积资产，还被赋予多种功能，在建立个人发展账户的过程中，要以资产建设理论为指导，使之成为服务范围更大、作用更广的一项建设。同时，个人发展账户也会根据个人生命周期的发展不断进行相应的调适与改善，个人发展账户涵盖的范围涉及方方面面，包括教育、医疗、就业、养老等。个人发展账户的建立不应该是孤立存在的，而应与其他制度相辅相成，彼此互相支持。资产建设理论逐渐获得了越来越高的接受度，更加需要处理好资产建设理论与社会保障制度之间的关系。

三、金融知能与“积极主体”

金融知能与“积极主体”的含义简而言之就是通过金融知能的建设，避免救济式扶贫造成的“等靠要”心理，从而将贫困人口形塑为“积极主体”。

金融能力是研究者在资产建设的基础上进一步提出的，包含两个层面的内容，分别是金融知识和金融机会①。金融能力一方面强调自身内部潜力的开发与利用；另一方面强调外部制度环境所提供的方便快捷的金融机会，由此通过对金融能力的倡导与介入，对提高贫困人口经济能力以及促进社会正义产生重要的意义和作用。

在金融能力建设的框架下开展的减贫工作，一方面需要链接和动员多种功能、多种类型的金融机构参与；另一方面，金融能力建设也需要突破其原本仅限于金融服务领域的桎梏②，拓展性地关注到个体、家庭、社区等层面的发展状况及需求，让更多陷入经济困境的个人、群体能够获得更加公平、更加平等的金融参与机会，提升其积极参与金融行动的热情与能力，使其转化为主动的建设者。

四、小结与梳理

纵观我国的减贫发展历史，早期主要采用自上而下的、以行政性指令为主的减贫方式，基本属于规制性被动性质，但是长期实践表明，该种模式并不能从根本上有效改变贫困状态，反而会在某种程度上引发“养懒人”现象。自 20 世纪 80 年代以来，国家开始重新思考过去的扶贫方式，探索出了一条促进经济与社会发展的同时兼顾政府救济性扶贫的方式。自 20 世纪 90 年代以来，我国逐渐建立了包括社会救助制度在内的较为完备的反贫困制度体系，扶贫工作也更多朝精准化方向发展。

① 邓锁：《社会发展、金融能力与社会工作参与反贫困》，《中国社会工作》2018 年第 28 期。

② 邓锁：《社会发展、金融能力与社会工作参与反贫困》，《中国社会工作》2018 年第 28 期。

近年来，美国、印度等国家通过对贫困地区和贫困人口的理财能力以及个人资产管理能力的提升与培训，把如何让贫困人口脱贫聚焦到一个点上，即通过资产方面的建设、金融知能的提升与培育，帮助贫困者建立持久资产，实现永久脱贫。

社会工作在反贫困发展进程中也发挥着不容小觑的作用，主要通过"委托—代理""协作—互助""外展—介入"的方式来开展脱贫的相关活动。虽然社会工作的反贫困服务取得了一定的成效，但是相关调查结果表明，受社会工作者的专业水平、服务能力、工作方式等限制，其在提供反贫困专业服务的深度、广度和宽度上都有待于进一步提高与完善。

由于当前经济环境的变化与贫困状况具有发展性，在金融社会工作福利理论的指导下，社会工作者结合金融学、社会工作、心理学和教育学等专业技能，帮助贫困人口继续生活，为他们创造物质条件。金融资产也从无形资产中得到积累，如社会资本、个人贷款、金融信息、文化资本等，进而帮助穷人赚钱，改变其生活方式，然后摆脱贫困，有效弥补了在与贫困作斗争的过程中长期忽视经济问题和传统社会工作中缺乏金融知识的弊端。财富积累、小额信贷、社会企业和经济合作社参与等战略将成为今后消除贫困的关键途径[①]。鉴于此，社会大众对金融社会工作者为帮助服务对象而掌握财务知识（如企业家精神和财务使用计划、资产积累、发展账户管理）的期待越来越高。

---

① 李青：《金融社会工作与反贫困：社会工作反贫困研究中的经济性议题》，《华东理工大学学报（社会科学版）》2018 年第 4 期。

第四章　政府主导的金融反贫困实践

从全球视域来看，政府在减贫治理中扮演着主导性角色，无论是发展中国家还是发达国家，政府主导的金融反贫困政策工具都在不断丰富，从早期的政策性金融到越来越注重与私营部门和社会组织之间的伙伴关系，以及越来越重视金融基础设施和公共产品供给。特别是新千年以来，金融与减贫的议题得到了更为广泛的关注，知识界和实务界达成了构建更具包容性的金融体系的共识，促进了普惠金融的发展①。为此，联合国、世界银行等国际发展组织不断奔走呼告，各国政府也纷纷将普惠金融作为促进经济繁荣、社会平等、包容性发展的核心要件。本章聚焦于政府主导的金融反贫困实践，梳理金融反贫困政策理念和实践的兴起与发展过程，介绍一些具有代表性的政府主导的金融反贫困政策工具，继而通过现实案例讨论实践层面的发展经验及现存的挑战。最后简要介绍中国金融反贫困政策的发展历程，以及脱贫攻坚阶段中国金融反贫困的创新经验与启示。

① 焦瑾璞：《普惠金融的国际经验》，《中国金融》2014年第10期。

第一节　政府主导金融反贫困政策的发展历程

在本书的讨论中，金融反贫困政策在广义上指的是由政府主导、直接或间接推动和实施，通过金融手段来保障低收入群体生存权利、促进其生活福祉改善的所有活动。不难发现，通过金融促进整体经济发展进而带动低收入群体收入增长的"涓滴效应"也涵盖其中。从狭义上来看，金融反贫困政策主要指涉通过运用各种金融工具，直接满足贫困地区的金融需求，促进贫困人口的脱贫致富和当地经济社会发展[①]。换言之，从狭义的角度来探讨，则更多强调金融反贫困政策的特惠性质。本研究以狭义概念为主，即认为金融反贫困政策指的是由政府主导，以改善贫困地区和贫困人口发展能力为核心的靶向政策，涵盖了一系列金融支持的政策措施，如小额信贷、涉农合作社和其他经营主体扶持、数字普惠金融环境建设等。需要注意的是，金融反贫困政策往往与其他支持性政策配合使用，如产业扶贫政策和就业扶贫政策，所以即使从狭义的尺度来看，金融反贫困政策也会涵盖直接面向贫困人口的支持政策和面向"带贫"经营主体的金融支持。回望历史，金融反贫困政策在减贫领域的兴起和发展经历了政府信贷补贴阶段、小额信贷阶段、扶持中小企业发展阶段，以及方兴未艾的数字普惠金融减贫阶段。

① 王兆阳：《金融精准扶贫：实践基础与制度创新建议》，《农村金融研究》2019 年第 5 期。

一、政府信贷补贴阶段

简单来说，政府信贷补贴是凯恩斯主义思潮在农村金融领域的经验呈现。其认识论的出发点是以商业信贷机构为主体的金融市场机制往往因为"市场失灵"的问题，而无法为农业、农村和农民提供必要的信贷支持。在导论部分，我们讨论了缘何"金融不下乡"，即在商业化金融机构看来，相较于城市和工商业部门，农村金融市场存在信息搜集难、需求零散细小、自然和市场风险高等因素的限制，因而缺乏"经济"价值。在此背景下，即使是从理论层面来推演也不难理解为什么商业化金融机构对于农村金融市场缺乏关注和投入①。对于发展中国家而言，"金融不下乡"则有着更加独特的"政治—经济"成因。第二次世界大战以后，随着前殖民地纷纷实现独立并建立民族国家，摆在这些新生的发展中国家首位的就是如何实现减少贫困和持续繁荣。而在以现代化理论为经验蓝本的发展实践中，金融往往是从属于国家发展的整体战略，具有鲜明的城市导向、工业导向和发展主义导向，特别是其对农业部门往往采取汲取性的制度安排，为由国家主导的工业化战略的实施提供资本积累。

总的来看，在不同国家，发展主义的"实践版本"固然有所差异，但其实质都是增加国家从农业领域的提取量，为国家发展蓝图的实现不断积累资本。例如，著名的金融抑制理论提出，二战以后，众多发展中国家为了追求快速现代化，在比较优势理论的支持下，在经济政策方面采取了"进口替代

① 王劲屹：《农村金融发展、资本存量提升与农村经济增长》，《数量经济技术经济研究》2018 年第 2 期。

战略”，为此，发展中国家垄断性地采取金融政策体系，具体的做法包括建立非常严格的金融准入制度与实行利率管制、信贷配额制度以及汇率方面的管制。不难发现，这一体系的突出特点是国家强有力地介入金融领域，建立起高储蓄率的金融体系，并尽可能地排除了市场机制对金融资源配置的影响。

20 世纪 70 年代，国际减贫领域开始倡导将金融议题纳入反贫困政策体系。在国际发展组织的推动下，发展中国家开始探索建立农业信贷补贴制度，以解决农村金融服务匮乏、可及性低的问题。主要做法是通过政府财政支持商业金融机构在农村设立服务网点，尤其是对贫困人口的信贷进行利率补贴，甚至一些南亚国家规定，要想拿到城市金融服务的牌照，必须在农村开展金融服务。这种做法被称为“信贷补贴范式”，构成了国家主导的金融反贫困政策的第一阶段。

二、小额信贷阶段

鉴于政府直接干预手段的种种弊端，20 世纪 70 年代至 80 年代，以反贫困、促发展为基本宗旨的格莱珉小额信贷模式开始逐步形成。格莱珉银行提出了诸如“消除贫困是可行的；摆脱贫困，才能实现和平；底层人民的发展才意味着真正的发展”等理念，通过为低收入群体提供无抵押、无担保的金融服务，创造了有别于传统银行的互信系统①。

联保贷款作为国际上取得成功的小额信贷模式之一，通过组建负有连

① 徐春竞：《格莱珉模式对我国西南地区农村普惠金融发展的启示》，《时代金融》2018 年第 5 期。

带责任的贷款小组，形成小组成员的相互监督，有效地降低了信用风险①。孟加拉国格莱珉银行的成功实践，以及一些理论家和国际发展机构对多维贫困理念的发展和传播，促进了减贫政策对金融的思考和关注。越来越多的国家（特别是亚洲、非洲等的欠发达国家和地区）广泛效仿，纷纷推出了符合本国国情的小额信贷项目，包括政府直接实施的金融减贫政策和支持非政府组织开展小额信贷服务活动②。如肯尼亚公平银行（Equity Bank）通过专注于小额信贷和相关金融服务，从一家亏损的金融机构转变为一家营利的银行：通过这种业务上的战略转变，该公司在四年内将客户基础扩大了500%以上③。

在基本支付和储蓄方面，关于受益的证据，特别是在贫困家庭中，是相当有利的。关于保险产品，众多研究表明，小额保险对于减贫能够产生积极影响，但同时应当注重机制的进一步优化。在获得信贷方面，有关小额信贷的证据有好有坏，但也有一些关于小额信贷陷阱的警示④，对于小型和初创的金融公司来说，需尤其注意这点。

三、扶持中小企业发展阶段

在小额信贷模式得到发展的同时，知识界和实务界发现，推动创业和中

---

① 高弋君：《发展普惠金融的国际经验及启示》，《中国物价》2016年第6期。

② Berg G., Fuchs M., "Bank Financing of SMEs in Five Sub-Saharan African Countries: The Role of Competition, Innovation and the Government," *World Bank Working Paper*, 2013.

③ Dupas P., Robinson J., "Savings Constraints and Microenterprise Development: Evidence from a Field Experiment in Kenya," *Applied Economics* 1(2013): 163-192.

④ Gulli H., *Microfinance and Poverty: Questioning the Conventional Wisdom*, Washington, D.C.: Inter-American Development Bank, 1998: 39-42.

小企业金融服务的发展能够为减贫创造有利的条件。相当多的证据表明，贫困人口在基本支付、储蓄和保险服务中获益巨大[①]。对金融公司来说，特别是对那些受到更大约束的小公司和年轻公司来说，获得融资与创新、创造就业和增长有关。金融包容应当遵循“互利共赢、包容共生”的原则，在关注弱势主体金融需求的同时，也必须强调供给主体的可持续经营。在此理念的指引下，国际发展组织和各国政府纷纷加强了面向中小企业的金融服务。对于中小企业和新企业家来说，改善信贷渠道可能会带来显著的增长效益。例如，韩国政府介入组织过程，通过资源转让及其他扶持政策发展多层次的综合农业协同组合体系或者农业协会联盟，为成员提供购销、金融、保险等服务。印度的中小企业需要融资时，要向信用评级机构申请信用评级[②]。信用评级机构根据营业额，大约会收取900美元的服务费。印度政府为了帮助中小企业拓宽融资渠道，承担了这项费用的大部分，以补贴信用评级的使用。

四、数字普惠金融减贫阶段

技术进步为金融减贫服务的扩大带来了希望。移动银行、移动支付和个人生物识别等技术创新有助于降低交易成本。不同的经济体，根据市场规模、结构和密度、配套基础设施发展水平的不同而采用不同的技术方式。数字普惠金融是数字技术在金融行业的融合性应用，是普惠金融的进一步

① 尹应凯、侯蕤：《数字普惠金融的发展逻辑、国际经验与中国贡献》，《学术探索》2017年第3期。

② 李建伟、辛嘉诚：《改革开放40年：普惠金融在中国的发展》，《开发研究》2018年第5期。

深化。数字普惠金融借助金融科技的内在优势，可以有效破解偏远贫困地区的金融服务获取难题，促进城乡金融资源的均衡配置，将以往被排斥在金融序列外的弱势群体重新纳入服务对象中，使其能够作为平等的主体有效使用金融资源增加收入，进而提高贫困人口的发展能力，促进贫困地区的经济发展①。

因此，推进数字普惠金融同反贫困相结合，根本着眼点在于反贫困的技术基础与数字设施的夯实保障，需要着力完善贫困地区的数字基础设施建设，畅通贫困地区的数字金融服务渠道，搭建贫困地区的数字化信息服务平台，强化贫困地区的数字金融扶贫产业结构②，在技术日益发展的时代，引导数字普惠金融发展，以进一步推进金融反贫困政策与实践③。

第二节　政府主导的金融反贫困工具

在各国的贫困治理实践中，小额信贷、保险等金融反贫困工具发挥着十分重要的作用。其中，小额信贷最早是由非政府组织推动的金融减贫工具，因其在实践中展现出的巨大潜能而被各国政府大力推广。在面临多重风险挑战的大背景下，保险作为一种金融工具能够有效增强各国的经济韧性，因此，各国也纷纷将其作为重要的政策工具加以实施。同时，中小企业作为世界各国经济的重要组成部分，在金融反贫困领域中的价值更是不言而喻。

① 董玉峰、陈俊兴、杜崇东：《数字普惠金融减贫：理论逻辑、模式构建与推进路径》，《南方金融》2020 年第 2 期。

② 董玉峰、陈俊兴、杜崇东：《数字普惠金融减贫：理论逻辑、模式构建与推进路径》，《南方金融》2020 年第 2 期。

③ 黄益平：《数字普惠金融的机会与风险》，《新金融》2017 年第 8 期。

为此，本节将从狭义的金融反贫困政策出发，选取部分案例来介绍上述三种具有代表性的金融工具，并简要说明政策理念以及运作机制。

一、小额信贷

（一）墨西哥康帕图银行

墨西哥最大的小额贷款机构——康帕图银行——创立于1982年，是一个旨在改善墨西哥贫困地区生活水平的非政府组织。为了向更多贫困家庭提供资金，1990年，该非政府组织试点乡村银行项目，此后，这一项目不断壮大。由于受到墨西哥相关法律的限制，2000年，康帕图银行完成了第一次转型，成为受管制的金融机构。转型为金融机构后，康帕图银行受到了来自世界资本的注资，小额信贷业务不断扩张，营利能力也大幅提升。2006年，该银行获得墨西哥财政部批准，改制为商业银行。墨西哥政府通过基金和信托等方式对其进行注资，使得康帕图银行成功完成由非政府组织向正规金融组织的商业化转型。康帕图银行现已成为墨西哥最大的微型金融银行。

康帕图银行运作模式的特点体现在三个方面。其一，在客户群体上，康帕图银行主要为非正式就业人员提供小额无担保贷款，其中妇女人数超过九成，主要是因为妇女流动性差，并且贷款的大部分用于家庭再生产的投资，而且妇女有强烈的自尊心以及还款意愿。其二，在借贷机制上，康帕图银行采取团体贷款模式。贷款人结成贷款小组，形成相互依赖、相互监督、风险共担的激励机制。这种内化的监督方式大大减少了银行审查和评估信用的时间，节省了运营成本，提高了运营效率①。其三，在还款方式上，康帕

① 卢盼盼：《普惠金融发展的空间结构效应研究》，博士学位论文，中央财经大学，2017。

图银行采用整贷零还的方式，并且专门派人追踪贷款用途，确保贷款人有稳定的收入来源①，减少贷款人的大额开支，以此降低业务风险。

凭借精准的市场定位和完善的借贷机制，康帕图银行取得了良好的业绩口碑，并且在推动墨西哥普惠金融的发展中起到了重要的作用。墨西哥政府通过扶持效益好的私营小额贷款机构并鼓励其进行商业化运作的形式，丰富了该国的金融生态体系，从而进一步推动小额信贷的发展。

（二）中和农信

作为一家小微金融服务机构，中和农信旨在“打通农村金融最后一百米”。其缘起于1996年世界银行中国秦巴山区扶贫贷款项目中创设的小额信贷项目试点，之后由中国扶贫基金会全面接管并组建了小额信贷项目部。截至2019年10月，这一项目覆盖了全国21个省份，设有332家分支机构，机构总人数达4 918人。中和农信累计发放小额贷款328万笔，放款金额540亿元。在贷客户数达433 474户，户均余额达到25 360元，30天以上风险贷款率为1.39%，各项指标处于行业最佳水平。

从运作理念上看，中和农信主要服务于因为缺乏传统金融机构必需的抵押品而无法获得服务的客户。为此，中和农信在信贷模式的设计上着重考察贷款人的还款意愿与能力，同时开发了适应农村社会的无抵押贷款模式，有效地减轻了农户的还款压力。此外，中和农信坚持“负责任地贷款”理念，对每一笔贷款进行环境和社会调查与监督，避免农民负债过多②。

---

① 刘芳、乔莉：《江浙地区中小企业信贷发展经验的借鉴与思考》，《新疆金融》2007年第3期。

② 李扬、叶蓁蓁：《中国普惠金融创新报告（2018）》，社会科学文献出版社，2018，第119页。

在运作模式上，中和农信的信贷模式主要分为小组模式和个贷模式两大类。其中，小组模式在孟加拉国乡村银行小额信贷模式的基础上进行了创新，有3～5户联保即可获得2万元以内的贷款额度，而且无须抵押。个贷模式则借鉴德国IPC技术，主要瞄准农村个体经营者，由一人担保即可，无须抵押。此外，中和农信还创新性地融合互联网技术，将信贷业务的信息管理、发收款等充分互联网化，实现了资金的高效运转，通过线上大数据和线下软信息相结合的双层风控模式，极大地提升了风控水平。

二、互助保险

1840年，为了应对火灾、冰雹等生产经营风险，法国农民发起并创建了地方互助保险公司①。1900年，有关行业组织法律实行后，农业互助保险得以迅速发展，险种不断增加。1940年，法国有4万家互助保险公司，形成了农业互助保险的雏形。与此同时，这也引起了法国政府的高度重视，因此政府加大了干预支持力度，同时对互助机构进行了调整，成立了中央互助保险机构。为了提高农业互助社的承保能力，法国还于1966年创立了再保险机构，以便更好地分担农业经营风险。1980年，法国实施了农业灾害保险政策，并开创了业务间的互助合作。1986年，法国成立了农业互助保险集团公司，专门开展农业保险及其相关业务②。2011年至今，该集团在政府的支持下迅速发展，极大促进了法国农业互助保险的发展。

从政策理念上看，法国政府对农业互助保险实行低费率、高补贴和税费

---

① 郭永利：《法国农业保险制度及经验》，《中国保险》2010年第2期。
② 曹华政：《农业保险制度的国际比较及其借鉴》，《农业发展与金融》2004年第5期。

减免等优惠政策来推动农业产业发展①。政府通过立法，对重要的农产品实行强制保险并给予保费补贴支持(补贴比例最高可达 65%)。该保险不以营利为目的，政府通过立法机制对经办机构实施资本、收入和财产免征一切赋税的政策，鼓励农户参保②。此外，政府还成立了国家农业灾害保证基金和再保险公司，并将其作为农业互助保险的重要补充，以确保农业互助保险的合理运行③。

在经营方式上，法国农业互助保险集团是以政府控股为主体、社会参股的形式建立起来的股份有限公司。集团公司在制定业务规划和公司发展战略时，重点考虑内外部环境，根据客户需求完善保险方案，发展优势业务，并通过持续加强风险控制，不断提高管理水平，降低经营成本④。在产品范围上，法国农业互助保险保障范围广，既包括种植险、养殖险等与农业生产直接相关的险种，也包括农场财产险、责任险等涉农保险⑤。在风险管理机制上，法国农业风险管理体系分为农场主自担、从业者互助(保险)和全民救助(国家农业风险管理基金)三个层级。当风险损失在 30%以内时，由农场主自担；损失程度超过 30%时，由保险公司提供理赔服务；当发生全国性的大面积灾害时，则由国家农业巨灾风险管理基金进行补充⑥。

---

① 龙文军：《法国农业保险制度及经验》，《世界农业》2003 年第 5 期。
② 阮红：《法国农业保险发展经验》，《中国金融》2019 年第 10 期。
③ 郑军、文毅：《法国农业互助保险运行机制对我国的启示》，《价格理论与实践》2016 年第 4 期。
④ 阮红：《法国农业保险发展经验》，《中国金融》2019 年第 10 期。
⑤ 阮红：《法国农业保险发展经验》，《中国金融》2019 年第 10 期。
⑥ 阮红：《法国农业保险发展经验》，《中国金融》2019 年第 10 期。

三、促进中小企业发展

美国联邦小企业管理局(Small Business Administration, SBA)的前身是1932年成立的复兴银行公司,主要为在经济危机中受害的企业提供贷款。1953年,为维护二战后各小企业的利益,鼓励发展企业家精神,美国联邦小企业管理局为小企业提供资金援助、法律及业务咨询等方面的服务。半个世纪以来,美国联邦小企业管理局在美国拥有了100多家分支机构,员工超4 000人,由其组织的贷款存量约为21.9万笔,总额超过450亿美元。[①②]

中小企业已成为世界各国经济的重要组成部分,特别是在创造价值、提供就业岗位、推广新兴技术等方面。美国的中小企业作为最活跃的主体,其数量约占美国全部企业数量的98%[③]。美国联邦小企业管理局设立的政策倡导办公室负责评估美国法律法规对小企业的负面影响,并对小企业面临的环境问题进行大量研究[④]。美国联邦小企业管理局与全美的小企业保持直接联系,在美国国会中切实反映小企业的困难和需求,维护其利益,激发经济发展活力。

在经营模式上,美国联邦小企业管理局采取类似企业的管理模式,视小企业为客户。但其一般不直接向小企业发放贷款,主要通过受托机构在公

---

① Anand S. Kodan, Kuldip S. Chhikara, "A Theoretical and Quantitative Analysis of Financial Inclusion and Economic Growth," *Management and Labour Studies* 38 (2013): 103-133.

② 许丽,《美日中小企业融资方式及其启示》,《镇江高专学报》2010年第3期。

③ Anand S. Kodan, Kuldip S. Chhikara, "A Theoretical and Quantitative Analysis of Financial Inclusion and Economic Growth," *Management and Labour Studies* 38 (2013): 103-133.

④ 莫姗娜:《国内外微型金融机构发展模式借鉴》,《经济视角(中旬)》2012年第5期。

开市场上募集资金，并提供政府信用担保。SBA鼓励金融机构向小企业提供贷款或风险投资①。在服务范围上，美国联邦小企业管理局为小企业提供包括员工继续教育、技术支持等在内的多种服务，通过为创业中的小企业或持有科研成果的科技人员提供技术服务支持来推动创新技术的开发利用及成果转化②。在资金融通上，SBA为小企业提供包括担保贷款、组合贷款等在内的多种贷款资金。当获得担保贷款的小企业出现坏账时，SBA将为其支付在担保范围内的赔偿金额。其担保贷款的最高额度为200万美元，担保率为50%，15万美元以下的担保率最高为89%③。

第三节　中国金融反贫困的实践探索

经过三十多年的发展，中国金融反贫困政策和手段越来越完善。本节主要概述中国金融反贫困的发展历程、主要的政策模式，彰显其独有的中国特色，最后展望金融扶贫政策的发展与未来。

一、中国金融反贫困政策发展历程

按扶贫工具类别划分，我国的金融反贫困政策主要可分为信贷扶贫政策、保险扶贫政策、资本市场扶贫政策。每种扶贫工具之间不是孤立存在的，政府综合利用多种扶贫工具完善扶贫政策。从金融扶贫政策的演变中

---

① 赵旭、吴冲锋：《基于地区经济发展的中小企业融资国际比较与借鉴》，《世界经济研究》2004年第5期。
② 莫姗娜：《国内外微型金融机构发展模式借鉴》，《经济视角(中旬)》2012年第5期。
③ 莫姗娜：《国内外微型金融机构发展模式借鉴》，《经济视角(中旬)》2012年第5期。

我们可以发现扶贫实践以及指导思想的变化。

(一) 信贷扶贫政策

我国信贷扶贫政策的演变大致经历了财政扶贫资金、单一的扶贫贴息贷款、结合小额信贷政策以及扶贫再贷款四个时期。

早在1982年实施的以消除贫困和自力更生为主要任务、发展国民经济的第六个五年计划(以下简称“六五”计划)中,我国中央财政已在经济不发达地区设立支援发展资金,针对个别特别贫困地区还增加了专项资金拨款。之后,贫困县县办企业扶贫贷款的设立标志着扶贫专项低息贷款的出现。但由于贫困地区信用体系较为薄弱,部分贫困户甚至是基层干部都出现了拖欠扶贫贷款的情况,再加上贫困地区企业实力薄弱,抵御风险能力差,在受到不利因素的冲击时容易出现亏损甚至破产的情况,导致其无法偿还扶贫专项贷款。贫困地区和贫困人口贷款质量较低现象在当时十分普遍,贷款不良率曾高达70%。小额贷款对生产项目和经营主体等未设限制,解决了许多贫困户无法获得政策性扶贫贷款的问题,于是中央开始强调信贷扶贫工具在宏、微观领域的互补运用,将扶贫贷款改为到户贷款和项目贷款两部分,一方面大力推广小额信贷,另一方面继续增加扶贫专项贴息贷款①。随着小额信贷在贫困户中的广泛流行,其也一度出现还款率低的现象。学者们分析,深层次原因是没有办法克服信息难题,政策运行的交易成本非常高。于是,中央扶贫小额信贷政策开始精确瞄准建档立卡贫困户,各银行业金融机构加大对信用良好、有贷款意愿、有就业创业潜质、技能素质高和有

① 星焱:《改革开放40年中国金融扶贫工具的演化》,《四川师范大学学报(社会科学版)》2018年第6期。

一定还款能力的建档立卡贫困户的支持力度①。建档立卡在一定程度上改善了金融机构与农户之间信息分离的状况。2006 年，由于非正规的小额贷款公司快速崛起，中国人民银行和银保监会出台了一系列文件规范小额贷款公司的设立和发展②。随着贷款对象范围的扩大，小额贷款公司逐渐偏离使命目标，国务院扶贫办（现已更名为国家乡村振兴局）要求引导金融机构扩大对建档立卡贫困户的信贷投放，促使其回归普惠金融。信贷扶贫政策也在不断探索和创新。为了加大对贫困地区的特色产业及居民就业、创业的信贷支持力度，扶贫再贷款政策应运而生。扶贫再贷款资金全部用于贫困地区涉农贷款发放，支持带动贫困户就业的企业与农村合作社发展，积极推动贫困地区发展特色产业和贫困人口创业就业，进而实现贫困人口脱贫致富③。扶贫再贷款的利率低于基准利率，很大程度上降低了贫困地区企业和贫困户的融资成本。

我国信贷扶贫工具具体如表 4.1 所示。

表 4.1　我国信贷扶贫工具

金融扶贫工具	具体政策	重要法律文件
财政扶贫资金	1983 年，老少边穷地区发展经济贷款； 1988 年，贫困县县办企业扶贫贷款	《中华人民共和国国民经济和社会发展第六个五年计划(1981—1985)》 《关于认真做好扶助农村贫困户工作的通知》

① 中国银行业监督管理委员会：《关于促进扶贫小额信贷健康发展的通知》，(2017-07-25)[2022-10-22]，http://www.cbirc.gov.cn/cn/view/pages/governmentDetail.html?docId=267425&itemId=861&generaltype=1。

② 星焱：《改革开放 40 年中国金融扶贫工具的演化》，《四川师范大学学报(社会科学版)》2018 年第 6 期。

③ 中国经济网：《央行设立扶贫再贷款：支持精准扶贫 降低融资成本》，(2016-03-26)[2022-10-22]，http://finance.ce.cn/rolling/201603/26/t20160326_9830735.shtml。

续　表

金融扶贫工具	具 体 政 策	重要法律文件
扶贫专项贴息贷款	1988 年,牧区扶贫专项贴息贷款; 1993 年,康复扶贫专项贴息贷款; 2001 年,贫困地区产业和企业发展的扶贫专项贴息贷款	《中国农村扶贫开发纲要(2001—2010 年)》 《国家八七扶贫攻坚计划(1994—2000 年)》 《关于全面改革扶贫贴息贷款管理体制的通知》
小额信贷	1993 年,非正规的小额信贷; 1997 年,政府主导小额贷款公司试点; 1998 年,总结推广小额信贷等扶贫资金到户的有效做法; 1999 年,把小额信贷作为保证信贷资金扶贫到户的重要措施; 2006 年,规范小额信贷公司的设立和发展; 2014 年,设立针对建档立卡贫困户的扶贫小额贷款(免担保、免抵押、以基准利率放贷、财政全额贴息)	《关于小额贷款公司试点的指导意见》 《小额贷款公司改制设立村镇银行暂行规定》 《关于创新发展扶贫小额信贷的指导意见》 《关于促进扶贫小额信贷健康发展的通知》 《中共中央关于推进农村改革发展若干重大问题的决定》
扶贫再贷款	2015 年,提出扶贫再贷款; 2016 年,正式设立扶贫再贷款	《中国人民银行关于开办扶贫再贷款业务的通知》

(二)保险扶贫政策

我国于 1980 年恢复保险业务,小额扶贫保险作为脱贫攻坚的方式之一,可有效放大财政扶贫资金的使用效益,在扶贫攻坚中发挥了积极作用。至今,我国已经基本形成包括农业保险、大病保险等在内的多元化的保险扶贫工具体系[①]。接下来,我们将重点讨论农业保险和大病保险。

1982 年,我国恢复农业保险。为了避免因灾返贫的状况,我国推出了针

① 星焱:《改革开放 40 年中国金融扶贫工具的演化》,《四川师范大学学报(社会科学版)》2018 年第 6 期。

对农户家庭和生产经营两类财产的农村财产险。因农作物容易受到自然灾害的影响，故以不同农作物为承保标的的农村扶贫保险开始发展起来。经过几十年的创新发展，在承保标的的基础上，扶贫农业保险中已经涵盖传统及特色农业保险、天气指数保险等诸多工具品种①。1992 年，政府取消了对保险公司的财政补贴，要求农业保险采取商业化经营模式，农业保险进入低迷阶段。2004 年，由中国银保监会在 9 个省（自治区、直辖市）进行政策性农业保险试点，探索农业保险商业化路径转变为政策主导路径的有效方式，鼓励地方政府和扶贫开发部门通过财政资金投入建立扶贫贷款担保、风险分散和补偿等机制②。为了激发农业保险活力，随后选取了 6 个省（自治区、直辖市）进行农业保险保费补贴试点，并采取财政补贴模式支持当地农业保险的发展。政府出资＋专项扶贫＋公司让利＋贫困户参与的模式，使得我国农业保险的参保农户数量飞速增长，但仍然存在一些问题。至 2018 年，我国农业保险品种达到 16 个，也说明同发达国家相比，我国在农业保险领域仍有很大进步的空间。

由于贫困人口中因病返贫的比例居高不下，2000 年，我国开始探索建立大病医疗保险制度。2002 年，中央积极引导建立新型农村合作医疗制度。这种新型农村合作医疗制度以大病统筹为主，采取个人缴费＋集体扶持＋政府资助的方式，对缓解农村家庭脆弱性有一定成效，但存在报销比例不

① 星焱：《改革开放 40 年中国金融扶贫工具的演化》，《四川师范大学学报（社会科学版）》2018 年第 6 期。

② 中国政府网：《切实加强银行业监管 做好新时期扶贫开发金融服务》，(2016-01-08)[2022-10-22]，http://www.gov.cn/guowuyuan/vom/2016-01/08/content_5031562.htm。

高、大病保障范围小等问题①。随后，为重点解决大病负担问题，政府积极引入商业保险机构，由此出现了大病保险这一方式。2013年，我国形成了疾病应急救助制度、大病医疗补充保险制度，可有效帮助建档立卡贫困户提高报销比例。虽然不同地区仍旧存在政策上的差异，具体表现在保费缴纳和赔付方式上，但大病保险的出现切实为建档立卡贫困户建起了一道安全屏障。

我国保险扶贫工具具体如表4.2所示。

表4.2　我国保险扶贫工具

金融扶贫工具	具体政策	重要法律文件
扶贫农业保险	1980年，推出种植业和养殖业保险； 2004年，开展政策性农业保险试点； 2007年，开展农业保险保费补贴试点	《关于国内保险业务恢复情况和今后发展意见的报告》
扶贫大病保险	2000年，建立大病医疗保险制度； 2002年，建立新型农村合作医疗制度； 2012年，建立大病保险制度； 2013年，建立疾病应急救助制度	《国务院关于建立城镇职工基本医疗保险制度的决定》 《关于开展城乡居民大病保险工作的指导意见》

（三）资本市场扶贫政策

脱贫攻坚时期，金融资本市场扶贫政策在金融减贫工作中发挥了巨大作用。在扶贫债券上，中央提出要实施差别化信贷政策，扩大“三农”专项金融债券发行规模。2016年，易地扶贫搬迁、农村基础设施建设等项目开始尝试通过扶贫债券获取项目资金。扶贫债券主要发行政策性金融债券，对于扶贫公司债、私募债等发行量较小②。2015年，国家发改委确定试点发行易地扶贫搬迁

① 田璐：《河北省统筹城乡医疗保险制度的研究》，硕士学位论文，河北大学，2015。

② 星焱：《改革开放40年中国金融扶贫工具的演化》，《四川师范大学学报（社会科学版）》2018年第6期。

项目收益债券。2016年，农业发展银行和国家开发银行发行扶贫专项金融债，用于易地扶贫搬迁项目。另外，农业发展银行还推出了深度、精准、普通三种类型的扶贫债券。在扶贫资产支持证券方面，2014年，中和农信首次推出资产证券化产品，用于给贫困县农户发放小额贷款。2017年，相关金融机构又推出了新水源PPP资产支持专项计划，该计划是公私合营和资产支持证券的创新。在期货扶贫方面，2015年，大连商品期货交易所签订了首单“保险＋期货”合约，农产品期货第一次同保险一样，成为降解风险、套期保值的工具。在随后的三年时间里，中央提出扩大“保险＋期货”试点。2017年，已经拓展了32个“保险＋期货”试点，覆盖了大豆、水稻等农产品，为贫困地区农户抵御因不可抗力带来的价格风险。值得注意的是，农产品期货的门槛较高，部分贫困县还受制于资金、贫困户参与度等多方面因素，故在全国推广的可行性暂时不高。

我国资本市场扶贫工具具体如表4.3所示。

表4.3　我国资本市场扶贫工具

金融扶贫工具	具体政策	重要法律文件
扶贫债券	2015年，易地扶贫搬迁项目收益债券试点； 2016年，扶贫专项金融债发行； 2017年，扶贫专项公司债发行	《金融精准扶贫十项政策措施》 《中共中央 国务院关于打赢脱贫攻坚战三年行动的指导意见》
扶贫资产支持证券	2014年，公益小额贷款资产支持专项计划发行(中和农信)； 2017年，发行首单PPP-ABS产品	《中国证监会关于发挥资本市场作用服务国家脱贫攻坚战略的意见》
扶贫期货	2015年，签订首单“保险＋期货”合约； 2016年，试点“保险＋期货”； 2018年，成立“保险＋期货”专项基金	《中国证监会关于发挥资本市场作用服务国家脱贫攻坚战略的意见》

二、脱贫攻坚阶段中国金融反贫困实践的发展

中国共产党第十八次全国代表大会(以下简称党的十八大)提出,国家应加大金融扶贫力度,小额信贷作为金融扶贫的“主力”备受重视,“扶贫小额信贷”被纳入精准扶贫十大工程。国务院扶贫办总结中国过去小额信贷的有益经验,结合打赢脱贫攻坚战的现实需要,和有关金融部门合作,探索出了一条适合贫困农户资金需求与发展禀赋、兼顾金融机构商业可持续性的扶贫小额信贷政策体系,取得了良好的金融精准扶贫成效。2014 年年末发布的《关于创新发展扶贫小额信贷的指导意见》,标志着扶贫小额信贷开始成为我国国家减贫工作中的重要政策工具。扶贫小额信贷自推出以来,在帮助贫困农户发展产业、增收脱贫等方面发挥了重要作用,具体体现在以下几个方面。

(一) 完善激励和约束机制,实现信贷服务全程管理

扶贫小额信贷政策以激励和规范机制创新解决小额信贷实施过程中的主要问题,使资金能够贷得出,贫困农户能够用得上、用得好,最终达到能致富、可持续的目标。首先是鼓励各地建立县、乡、村“三级联动、政银合作”服务体系,不仅能有效传递贫困农户信贷需求信息,也能与银行共享农户的信用信息,利用政府治理资源降低了小额信贷的交易成本。其次是综合运用激励机制与规范机制,减少了过去或强调银行作用,或偏重政府推动单向发力的弊端。政府和银行行为的规范化避免了地方政府为规避责任而使小额信贷扶贫“瞄不准”的问题,也避免了金融机构因高风险和高成本而不愿放贷或高利率放贷的问题,从而有效解决了贫困农户贷款难和贷款

贵的问题。

总之，"管全程"意味着扶贫小额信贷不单是配置金融资源，同样也包含了金融服务下沉和金融生态建构，从而为政策目标不偏离、执行不走样提供了完善的制度基础。有了完善的制度环境，小额信贷的各参与主体的利益和目标有了综合性的协调，从而使得信贷扶贫不仅成为可能，而且也将大有可为。

（二）降低贫困农户贷款门槛，实行"免抵押、免担保"信贷

长期以来，制度设置同实施之间存在匹配困境，意在解除农户资金约束的小额信贷，却面临其他非资金性质的障碍。例如，在"五户联保"的模式中，村庄内最贫困的家庭往往不易获得足够的联保支持，因而也难以获得贷款。农户有资金需求，银行有资金供给，二者无法充分匹配的困局需要制度创新来突破。扶贫小额信贷政策正是建立在对这一矛盾认识的基础上，基于对这一矛盾的认识，利用政府掌握的建档立卡贫困户的信息以及政府信誉的担保功能，打通贫困农户和银行之间资金流动的渠道。对于已录入建档立卡信息系统的贫困户，政策规定"凡有发展愿望、生产能力、发展项目和还款能力的，都有资格申请贷款"，支持鼓励"金融机构从实际出发，适度放宽申请贷款的年龄条件"①。与此同时，"三级联动、政银合作"的管理体系，以及全国扶贫信息网络系统与银行贷款管理系统的有效对接，使贫困农户的资金需求得到充分识别；驻村工作队、帮扶责任人、村两委以及第一书记（或者村级组织）对扶贫小额信贷进行跟踪监督，各级扶贫部门定期走村入

① 中国政府网：《四部门联合发布〈关于进一步规范和完善扶贫小额信贷管理的通知〉》，(2019-07-17)[2022-10-22]，http://www.gov.cn/xinwen/2019-07/17/content_5410703.htm。

户进行监测，使资金“贷得出”，也能“用得好”①。

这一系列措施避免了以往为规避风险而造成的贫困农户资金需求无法得到满足的困境，有效实现了小额信贷的精准实践，其“雪中送炭”的功能得以实现。此外，这一制度设计也体现了金融配置资源的效率原则，贫困农户的高获贷率并没有以金融资源“错配”为代价，而是利用建档立卡信息以及精准扶贫工作体系来实现信贷的精准。由此，通过与政府的合作，银行不仅能降低信贷交易成本，同时也有助于规避信贷风险。

（三）调动农户和银行积极性，进行财政贴息和风险补偿

就其本质而言，扶贫小额信贷政策实质上乃是政府、银行与农户三者利益和目标的协调，有利于改善农户经济状况。理想情况下，三者在目标上具有一致性，银行放贷、农户发展生产，彼此各得其所。然而生产以及市场竞争的不确定性使三者不仅有利益扩大的诉求，也面临风险规避的问题。由于银行占据优势地位，其通过利率调节、信贷产品创新等手段尽可能将风险分摊给农户。在纯粹市场竞争的条件下，银行更容易将风险转嫁给农户，而做到旱涝保收。因而在风险条件下，小额信贷虽然可以改善贫困农户的贫困状况，但一旦发生经营风险，农户的福利状况会因负债而恶化。对于农户而言，获得信贷建立在两个假设之上：一是穷人自有资金严重缺乏，而且因缺乏必要的抵押和担保也不能从正规的金融市场中获得贷款，因此为贫困农户提供特别信贷支持就具有非常重要的意义；二是穷人付不起全部市场

① 中国政府网：《四部门联合发布〈关于进一步规范和完善扶贫小额信贷管理的通知〉》，(2019－07－17)[2022－10－22]，http://www.gov.cn/xinwen/2019－07/17/content_5410703.htm。

利率。政府分担风险以及贴息则满足了上述假设，使贫困农户获得信贷成为可能。

为了避免地方政府推卸相关责任，政策也对政府的行为进行了约束。中央和省级政府将扶贫小额信贷县级风险补偿金建立情况、贫困户贷款获得以及贷款偿还情况等纳入地方政府的考核范畴①。与此同时，政府责任的边界也得到了明确，并非为贫困农户承担无限的责任。对于非恶意或非故意不还款的情形，经村级金融服务组织核实后，贫困农户可申请按政策要求办理无还本续贷或展期业务；而对于恶意或故意不还款情形，银行将通过法律途径持续追偿，贫困农户也将承担相应的法律责任②。

（四）发挥小额信贷优势，拓展信贷规模和期限

一般而言，资金规模小、贷款时间短被认为是小额信贷的重要特点，然而这也是小额信贷的局限所在，是一种让银行受益更多的制度设计。事实上，对于农业生产，尤其是特色农业生产而言，其对于资金规模和还款周期都有一定的要求，资金太少则难以实现产业升级换代，周期短又无法适应一些特色农牧业生产周期长的特点。例如牛羊养殖或者中草药种植，不仅前期资金投入大，而且产品上市所需时间也长。

扶贫小额信贷在风险控制的基础上，将小额信贷资金规模的上限设置为 5 万元，还款周期上限设置为 3 年。这一安排基本可以满足农户一般农业

① 中国政府网：《四部门联合发布〈关于进一步规范和完善扶贫小额信贷管理的通知〉》，(2019-07-17)[2022-10-22]，http://www.gov.cn/xinwen/2019-07/17/content_5410703.htm。

② 中国政府网：《四部门联合发布〈关于进一步规范和完善扶贫小额信贷管理的通知〉》，(2019-07-17)[2022-10-22]，http://www.gov.cn/xinwen/2019-07/17/content_5410703.htm。

生产的资金需求。而且在具体操作中，村级组织除对申请人进行审查外，还要对申请项目进行评判，根据项目规模和生产周期初步审查其贷款金额或贷款期限。银行对申请人情况进行复核，如情况基本属实，原则上满足贫困户提出的贷款申请额度和使用期限，但贷款额度需在5万元以下，贷款期限需在3年以内[①]。此外，贷款资金必须户借、户用、户还，但按照贫困农户的意愿，多家多户可抱团发展生产，还可以财务合作社的方式共同发展生产。贷款额度和贷款周期的拓展，不仅有效地助推了贫困农户摆脱贫困，同样也为其进一步发展提供了可持续性的空间。

（五）面向建档立卡贫困户，强化配套帮扶

以往小额信贷面临的一个主要矛盾在于农户致富意愿、资金需求与自身能力三者之间存在矛盾，越是贫困农户，其运用资金发展生产的能力也越弱，即使获得资金，也很难充分利用好资金。在这一意义上，资金只是贫困农户发展的外因，真正让其实现致富，还需要提升生产能力这一内因。

对此，扶贫小额信贷不仅构建了贫困农户发展的有利条件，同样也激活与培育了其发展的意愿和能力。扶贫小额信贷的一大亮点就在于其不仅解决了农民的资金需求，也充分利用政府、银行、驻村帮扶队等多种力量来帮助农民用好资金。首先，政策明确了农户申请贷款需要同帮扶责任人、村两委等进行商议，以便选择合适的发展项目。其次，贷款资金原则上只能用于申请的项目。而且在使用过程中，村级组织、帮扶责任人等要及时了解贷款农户的生产生活状况，督促他们将贷款用于申请发展的项目，对于没有按贷

---

① 中国政府网：《四部门联合发布〈关于进一步规范和完善扶贫小额信贷管理的通知〉》，(2019-07-17)[2022-10-22]，http://www.gov.cn/xinwen/2019-07/17/content_5410703.htm。

款约定发展项目或是更改贷款用途的，应及时上报。这一安排不仅避免了过去农户将信贷资金视作财政补贴的做法，也通过经常性的互动来影响和鼓励农户专心发展。

总之，党的十八大以来的创新发展将小额信贷所包含的市场机制、社会机制同政府减贫干预的政策优势相结合，使得扶贫小额信贷真正成为中国减贫发展的重要政策工具。

三、脱贫攻坚阶段中国金融反贫困实践的经验启示

扶贫小额信贷经历了多年实践和发展，党的十八大以来基于精准扶贫、精准脱贫方略，有关部门对这一金融扶贫的重要形式进行了系统性和综合性的创新，充分发挥了小额信贷扶贫的各项优势，扶贫小额信贷从社会创新项目到社会政策工具的转化，不仅为打赢脱贫攻坚战积累了基本经验，也对社会政策领域的创新发展具有重要的启示意义。

（一）坚持政策创新发展

金融反贫困的政策实践最初来自发达国家的实践经验，而中国的扶贫小额信贷政策不仅进一步挖掘了小额信贷扶贫的潜力，而且很大程度上规避了以往小额信贷扶贫的诸多弊端。这主要得益于党的十八大以来创新发展理念的运用，以及在扶贫小额信贷实践中贯彻精准扶贫、精准脱贫的基本方略。扶贫小额信贷的成功不仅是金融制度的创新，同样也是基层治理的创新，而在这一创新过程中，贫困农户的经济发展与地方社会治理的改进相得益彰。

（二）坚持利益共享发展

扶贫小额信贷是普惠金融实践的重要载体，充分体现了以利益平衡为

特点的金融资源再分配，通过将稀缺资源向贫困人口的倾斜配置来实现社会的整体公平正义。与此同时，小额信贷的实践也必须遵从市场机制，以获得商业的可持续性。从分配正义的角度来看，扶贫小额信贷政策不仅把社会财富的“蛋糕”分得均匀，而且没有以做小“蛋糕”为代价。金融发展与脱贫攻坚相得益彰，充分落实了习近平总书记以脱贫攻坚引领经济发展全局的战略目标，探索了在经济发展新常态下促进经济增长的重要途径，实现了在发展中促进相对平衡、在增长中平衡利益结构的目标。

（三）坚持输血造血相结合

扶贫小额信贷的经验表明，内生动力的激活不仅需要外力的引导，更需要内因的充分激发。内生动力的形成意味着贫困农户的行为选择基于某种价值观念，其形成不仅仅是认知或心理的转变，还包括偏好结构的系统性重构。而这样一种具有意识形态性质的观念类型的形成，难以完全通过教育和心理干预实现，还需要物质性的刺激。扶贫小额信贷则通过资金的注入与项目的实施将贫困农户置于特定的激励情境中。一方面，劳动和经营可以带来更多的收入；另一方面，懒惰和退缩不仅意味着收入的减少，还意味着贷款难以还清。正负的双重激励使得贫困农户不得不去改变已有的“等靠要”心理，而以新的价值观念来适应所处的激励环境，内生动力因此形成。这对于其他领域和扶贫模式的启示则在于，贫困农户的内生动力虽然具有观念的性质，但其形成可以通过外在激励环境的改变来促进。

第五章　非政府组织参与金融反贫困

一直以来,非政府组织在金融反贫困领域都是十分活跃的力量。纵观历史,甚至可以说正是一些非政府组织最早投入回应贫困人口金融需求的实践中,并且创造了金融反贫困领域不少重要的“发明”。其中,最典型的就是小额信贷模式。小额贷款以格莱珉模式为先导,并迅速地从孟加拉国扩展到非洲、亚洲、拉丁美洲、美洲(加拿大乃至美国)等广大区域,逐渐演变成一场声势浩大的金融反贫困运动。本章就非政府组织在金融反贫困领域的发展历程进行梳理,并尝试针对其发展前景提出一些建设性建议。

第一节　非政府组织金融反贫困概述

与政府相比,非政府组织在工作方面更具灵活性、多样性和创新性,在参与扶贫工作时能够弥补政府在减贫行动中存在的一些不足,从而提升减贫治理效能。金融反贫困是非政府组织参与扶贫工作的重要行动,其发展得到了各界的高度肯定，但同时也面临着诸多新议题的挑战。本节将对非政府组织参与金融反贫困的整体情况进行简要梳理，以便读者了解非政府组织在金融扶贫事业中所取得的成就。

一、非政府组织参与金融反贫困的缘起与发展

第二次世界大战之后，许多国家和地区遭受了不同程度的经济损害，社会建设一度陷入了困境，各国迫切需要大量资金与资源来进行重建与复兴经济。而对于经济极度贫困的低收入群体来说，资金需求则更加强烈。只有得到了必要的资金援助，才有恢复和发展生产的机会。由于这些群体的信贷需求额度相对较低，缺乏抵押担保品、相关的财产和经济信息，被长期排斥在传统的金融体系之外，他们很难以正规方式从现存的金融体系中获取贷款。甚至可以说，在全世界范围内，低收入群体遭受金融排斥的现象普遍存在。自 20 世纪 50 年代开始，一些发展中国家逐步在政府的支持下建立发展银行，推出贴息贷款，服务低收入群体。然而，这些举措对于减贫所起的作用并不是很大。而且由于低收入群体的还款率很低，政府金融补贴项目面临着难以持续发展的问题。非政府组织是金融反贫困领域不可忽视的重要贡献者，为解决商业金融服务体系对贫困人群的金融排斥以及政府金融补贴难以持续等现状提供了新的可能，从而带动了金融反贫困的持续发展。

（一）“小额信贷”模式的兴起

从 20 世纪 70 年代开始，专业性的金融机构在一些发展中国家逐步成立，它们试图用更为专业的金融手段来解决低收入群体的金融排斥问题，向

具有偿还能力的贫困人群提供贷款服务，以解决贫困人群无法得到金融支持的问题。这些机构注重金融服务对贫困人群在经济和社会福利方面的改善作用。

最早开始参与到金融减贫领域的非政府组织是“行动国际”（ACCION），该组织于1961年成立于拉丁美洲，自创立以来，便一直专注于改善下层阶级的生活状况。1973年，“行动国际”开始在巴西向微型企业提供贷款。这表明，非政府组织在金融减贫领域的行动有了一定进展。随后，到了1976年，尤努斯教授在孟加拉国成立了格莱珉银行——世界上第一个专门为贫困群体提供贷款的组织。格莱珉银行因其小组贷款模式受到了广泛的认可，先后得到了诸多国家的效仿和借鉴①。以“行动国际”和“格莱珉银行”为代表的小额信贷，聚焦于贫困人群，制定了包括小组贷款模式等在内的一系列借贷规则，为贫困群体发放小额无抵押贷款。随着服务对象的还款能力和还款意愿的增强，他们的贷款额度也逐步提升。在这样的规则下，这种小额信贷模式实现了95%以上的还款率。以小组联保贷款机制为特征的格莱珉银行模式得到了有效的发展，也在世界范围内被其他国家学习与借鉴，非政府组织参与金融反贫困的实践也开始走向正轨。

（二）20世纪80年代至90年代：“微型金融”的发展

随着小额信贷项目成功案例的不断涌现，小额信贷在发展中国家得到了广泛的运用，同时小额信贷自身也在逐步完善与发展。孟加拉国格莱珉银行在金融减贫领域的成功，带动了其他发展中国家开展微型金融的尝试。同时，格莱珉银行也在不断提高自身服务水平，探索更多的业务领域，其服

① 赵冬青、王康康：《微型金融的历史与发展综述》，《金融发展研究》2009年第1期。

务从单纯向贫困人群提供小额贷款的最初探索发展为如今包含贷款、保险、储蓄、汇款等多种业务在内的金融服务体系。

从20世纪80年代中期开始，小额信贷已经基本能够做到在为贫困人群提供贷款的同时，保证较高还款率的目标。然而，随着借贷人群数量的增多，政府及捐助机构提供的资金逐渐难以满足低收入群体的借贷需求。在此背景下，小额信贷开始往微型金融的方向发展。20世纪90年代，非政府组织小额信贷机构开始拓展经营业务，从单纯的信贷机构向涵盖微型保险、储蓄、汇款等金融服务在内的金融机构转变。一些小额信贷机构逐渐抛弃了“只贷不存”的简单扶贫理念，开始探索新的治理方式和信贷技术，提供更全面、更多样化的金融服务，通过吸收强制性存款和运用市场利率等手段实现了商业运作，摆脱了对外界的资金依赖，用所获得的收益弥补成本，实现了财务的独立和自身的可持续发展。这一阶段以印度尼西亚人民银行和玻利维亚阳光银行为代表①。

（三）20世纪末以来：“普惠金融”的反思

20世纪90年代后期，尤其是进入21世纪以来，微型金融在非政府组织参与金融反贫困领域的作用和地位越来越重要。1998年，联合国大会将2005年指定为“国际小额信贷年”②，更加充分肯定了小额信贷对于金融扶贫所做出的贡献。联合国提出，应在世界范围内建立普惠性金融体系，为更多的人群提供金融服务。许多人开始倡导用“普惠金融”的概念代替“微型金融”的概念，从服务人群、资金来源、服务领域等多方面进行扩充，不仅为

---

① 赵冬青：《微型金融商业化的国际经验》，《中国农村信用合作》2009年第1期。

② 何洪泽、邹德浩：《2005：联合国“国际小额信贷年”》，《金融信息参考》2005年第5期。

贫困人群提供服务，还要推出针对老人、残疾人、妇女等不同群体的金融业务，以及包括有贷款需求的微型企业，全方位地回应不同群体多层次的金融服务需求，同时运用各类创新手段（具体的措施将在第三节中详述），改革现有的服务模式，提升服务的有效性。

非政府组织在参与金融反贫困的工作实践中，不断延伸和拓展其服务的深度与广度。在满足贫困人群的信贷需求与自身不断发展的同时，促进了金融市场的发展，使不同金融机构和传统意义上的金融体制之间的界限逐渐被打破，推动了金融服务向更加偏远和贫困的地区延伸。基于这种发展趋势，金融排斥的问题将会逐步得到消除，更加公平的金融服务将越来越普遍。

二、非政府组织参与金融反贫困的领域与特点

非政府组织参与金融减贫事业与其他金融主体有所不同。一般政府所主导的金融项目都带有一定的目标导向，主要是为了实现某个特定的政策性目标，如解决民众就业难的问题或缓解收入不平等的现状，这些都指向扶贫性的目标。一般慈善机构因为资金来源以捐款为主，并不考虑利润的问题。而非政府组织在推行金融项目的时候，需要考虑运营成本等关乎自身可持续发展的问题。因此，非政府组织在这方面会选择性地参与相关领域，表现出其所独有的特性。

（一）非政府组织参与金融反贫困的主要领域

非政府组织参与金融反贫困的领域在实践中不断拓宽。小额信贷模式不断发展，到如今，以孟加拉国格莱珉银行、玻利维亚阳光银行、印度尼西亚人民银行、乌干达银行为代表的四种小额信贷模式已被世界公认为最具有

影响力的小额信贷模式①。非政府组织在金融反贫困领域中所占据的地位越来越重要，所发挥的作用也日益显著。在逐步探索和推广小额信贷模式的同时，非政府组织也开始通过政策倡导的方式，与政府、商业银行、社会企业等不同金融主体合作，推出多样化的金融产品和项目，进一步扩大金融反贫困理念和实践的影响力。

另外，在实践过程中，非政府组织除了为极端贫困人群提供金融服务外，也关注到妇女、残疾人、老年人等群体的金融需求，针对他们特定的需要，开始借鉴并创新小额信贷的模式，推出女性小额信贷项目、残疾人小额信贷项目等特定的金融项目模式，满足不同群体多元化的金融需求。除了小额信贷，非政府组织还积极推动"社区互助金融""社区发展基金"等多种金融扶贫模式，不断扩大其参与金融反贫困领域的覆盖面，使更多有金融需求的人群逐步被纳入金融体系，传统意义上的金融排斥问题也在逐步改善。

（二）非政府组织参与金融反贫困的特点

非政府组织在参与金融反贫困的过程中主要体现出四个方面的特点。

1. 注重商业可持续的原则，形成了社会企业的理念与方法

近年来，社会企业在世界范围内迅速崛起，它是非营利组织与企业组织的创造性结合。在实现社会目标的同时，它通过商业化运作来实现自身的可持续发展。非政府组织在发展金融事业的过程中，运营资金的可持续性是其面对的一个非常关键的问题。非政府组织在参与金融减贫的初始阶段，绝大多数的资金都源于外界的援助。虽然非政府组织获得了较多的财

① 范香梅、彭建刚：《国际小额信贷模式运作机制比较研究》，《国际经贸探索》2007 年第 6 期。

政支持，但是不能从根本上解决缺少运营资金问题。在发展后期，非政府组织也逐渐认识到保持财务健康和自身独立发展的重要性，并开始将扶贫的目标与商业化运作相结合，通过寻找更多的资金渠道来实现自身的独立发展，从而在实践过程中逐步形成社会企业的理念与机制。

2. 注重反思和创新，推动了金融服务模式的创新发展

在发展金融减贫事业的过程中，不同的金融主体面临着各种层出不穷的问题和挑战，无一不催促着人们创新与完善金融服务模式。非政府组织作为金融减贫领域的先驱者之一，在这一过程中创新了众多与时俱进的金融服务举措。比如，推行金融教育、建设金融能力，将金融服务与生物技术进行结合，创新金融服务机制等。这些创新举措将在本章第三节中详细介绍。

3. 注重对特殊群体的支持，满足了多层次、多方面的金融需求

非政府组织的金融反贫困实践所针对的人群是那些长期被排斥在传统金融体系之外的弱势群体，包括生活困难的赤贫者、没有抵押能力但有贷款需求的低收入者、急需贷款但无法从传统金融模式中获得贷款的小微企业等。再加上残疾人、农村贫困妇女、老年人等有贷款需求的弱势群体，金融反贫困的受助对象数量仍然庞大。在传统金融市场的服务对象难以覆盖这些群体的情况下，非政府组织以扶贫为目标，聚焦此类人群的金融需求，推出特定的金融产品和项目，一定程度上改善了金融排斥的问题。

4. 注重与其他主体的有效合作，打造综合性的金融服务体系

在发展金融扶贫事业的领域里，除了非政府组织作为先驱者在积极贡献自己的力量外，包括政府、正规金融机构、商业化民营微型金融机构等在

内的其他金融主体也积极投身其中。与其他组织相比,非政府组织虽然在运行模式和管理体制方面更为灵活,但同时也存在着一些固有的缺陷,最为限制其发展的一点则是非政府组织缺乏合法化的身份地位。因此,在实际运营过程中,非政府组织也受到了很多的束缚。在积极争取合法化地位的同时,非政府组织与其他金融主体展开合作也不失为一个有效的解决措施。非政府组织参与到与多元化金融主体的合作中,便能打造一个综合性的金融服务体系,使自己的服务覆盖更多的人群。

以上这些特点反映出非政府组织在金融反贫困领域的独特优势。这些特点与优势也是推动非政府组织拓宽其参与金融减贫事业广度和不断改善自身发展模式的重要源泉。

第二节　小额信贷模式:希望与挑战

小额信贷模式的产生是非政府组织参与金融反贫困的一个重要标志。随着其在孟加拉国的进一步发展,这种模式对于金融反贫困的贡献日益彰显,也得到了其他国家和地区的积极响应,并迅速席卷全球,成为非政府组织参与金融扶贫的标志性实践。本节将围绕其发展历程、成效与挑战以及在中国的实践,对这一模式进行较为系统的梳理。

一、小额信贷模式的缘起与发展

(一)小额信贷的定义及分类

小额信贷是一种直接向贫困群体提供利率相对较高的小额贷款的扶贫

方式，以中低收入群体的贫困者为特定服务对象，为其提供相应需求的金融产品及服务。小额信贷主要可以分为两大类：一类是福利主义小额信贷；另一类是制度主义小额信贷①。前一种主要指20世纪50年代到20世纪80年代以前，以国家补贴为主要资金来源帮助贫困群体的小额信贷，包括营利性和非营利性的小额信贷。其目标只有一个，即扶持弱势群体。印度尼西亚国有银行在20世纪80年代之前就是该模式最典型的代表之一。从制度主义视角来看，小额信贷机构除了实现扶贫目标之外，还必须保证自身在组织管理和财务上的可持续发展。制度主义小额信贷又分为公益性可持续发展的小额信贷和商业化可持续发展的小额信贷②。玻利维亚阳光银行是商业化可持续发展的小额信贷模式的典型代表，追求的目标是营利。而作为小额信贷模式的开创性主体——银行，绝大多数学者都将其归为福利主义，但本书倾向于将其归为制度主义，原因在于小额信贷模式中最典型的孟加拉国乡村银行秉持的是公益性目标，采取的是商业化运作模式。

发展案例

格莱珉银行③

在孟加拉语中，“格莱珉”意为乡村的，所以格莱珉银行也被称为“乡村银行”。它于1976年成立，当时是一家非政府组织；1983年，在当地政府的支持下，格莱珉银行转制为一家独立银行并专门从事小额信贷业务。特别

① 杜晓山：《对当前小额信贷及相关热点问题的思辨》，《科学决策》2013年第11期。
② 杜晓山：《小额信贷的发展和模式——演讲摘要》，《金融与经济》2007年第8期。
③ 本案例引自范香梅、彭建刚：《国际小额信贷模式运作机制比较研究》，《国际经贸探索》2007年第6期，部分内容有修改和延伸。

的是,其不用严格遵守公司法和其他相关的金融法律制度。格莱珉银行的服务对象主要是农村贫困群体,农村贫困妇女占比最多(约占95%)。银行向这些群体提供贷款、存款和一些非金融业务。贷款资金主要用于小手工业、副业等能快速获得收益的生产活动。

在发展过程中,格莱珉银行的贷款模式主要分为两种模式:传统模式和第二代乡村银行模式。在传统模式中,格莱珉银行采用了小组联合贷款和存款担保计划,以引入团体贷款计划来发放贷款,5～6名经济状况类似的贫困者自愿组成小组共同承担还款责任。随后在2002年,格莱珉银行开始推行更具创新性的第二代乡村银行模式。首先,其对贷款利率、期限机制和还款系统等内容进行了更加灵活的设计。其次,银行也不断扩大其金融服务的业务范围,并推出"格莱珉退休储蓄金账户"和"信用人寿保险储蓄基金账户"等新一代金融服务,满足农户多样化的需求偏好。

为了实现持续发展与自我"造血",格莱珉银行创新了融资机制。为了稳定资金来源,格莱珉银行积极鼓励贷款者进行小额存款。这些存款主要作为借贷人解决突发性状况或者为创收项目动员的储备资金。同时,稳定的利息收入也是格莱珉银行的资金来源之一。此外,格莱珉银行提供的小额信贷的利率虽然高于正规银行机构,但远远低于私人高利贷者,有效防止了机会主义贷款。为了确保能获得较高的还贷率,格莱珉银行进一步搭建了畅通的信息渠道,并设计了有效的风险管控机制。

总结格莱珉银行的发展模式,其成功之处可归结为团体的共同担保贷款机制、基于市场的利率化机制以及灵活的还款机制。正是由于格莱珉银行有一套完善并不断创新的运作机制,因而创造了整体还款率高达98.89%、资金回收率高达100%的奇迹。因其完全实现了商业化运作和可持续发展，已成为国际上公认的最为成功的金融扶贫模式之一，得到了众多国家和地区的学习与效仿。

（二）小额信贷的基本特征

以中低收入群体的贫困者为特定服务对象，为其提供相应需求的金融产品与服务，是小额信贷与传统扶贫项目不同的本质。就小额信贷的运作模式而言，在运行过程中，其主要呈现出以下几个特征：

1. 服务于特定人群

小额信贷的服务对象是那些在传统信贷体系中无法获得常规金融服务、被排斥在金融市场之外的低收入人群。从早期发展开始，小额信贷便带有较为明显的扶贫性质。一些小额信贷机构则更进一步将服务对象固定为农村妇女。随着小额信贷的不断发展，其服务对象的范围也在不断扩大，从只针对低收入人群，逐渐发展到有还款能力和发展生产意愿的中低收入群体，再扩展到微型企业和小型企业。因此，小额信贷的服务对象主要是中低收入群体、贫困农户、微型企业和小型企业。

2. 贷款额度低，还款机制灵活

针对贫困人群贷款需求额度较低、资产较为缺乏的特点，小额信贷提供额度相对较低的贷款，一般等于或低于一国的人均国民生产总值。同时，为了方便贷款者还款，采取灵活机制，按照当地实际情况分期还款，可一周、半月或一月偿还一次。这种还款机制一方面缓解了贷款者的还款压力，另一方面能够分散贷款过程中的风险，将一次性的集中风险分散为若干次的小风险，一定程度上保证了贷款的高还贷率。

3. 相对较高的贷款利率

市场化的利率水平能够为小额信贷机构的可持续发展提供重要保障。在完成扶贫目标的同时，小额信贷机构采取的是一种商业化运作模式，因此必须有足够的收益来支撑自身的发展。其贷款利率设定在一般商业银行贷款利率和民间高利贷利率之间。较高的贷款利率对于贷款者而言经济负担过于沉重，难以接受，而较低的贷款利率对于小额信贷机构而言无法覆盖原始成本。因此，制定合适的贷款利率，稍稍高于一般商业银行的同时又低于民间高利贷，能兼顾借贷双方的利益，进而才能保证小额信贷的长远发展。

4. 创新的小组联保模式

受小额信贷模式鼻祖格莱珉银行的影响，一般小额信贷机构均实行小组联保的模式，多人自愿结成小组，有的五人，有的十人，有的甚至更多。在这种模式之下，成员之间具有互相连带作用，如果其中有一个人不还贷，其他所有成员的贷款都会受到影响。这种做法利用集体对个人的约束平摊了还贷风险，从而保证了贷款的高还贷率。

(三) 小额信贷的缘起及发展

正如第一节中所提到的，在一些发展中国家，低收入群体依靠政府的贴息贷款政策并不能从根本上解决自身的问题。因此，人们开始尝试建立专业的金融机构来解决这一问题。小额信贷的发展模式则是在这种背景下诞生的，由穆罕默德·尤努斯开创并发展了这一模式。孟加拉国的格莱珉银行模式取得巨大成功之后，这一模式在国际减贫领域得到了广泛的借鉴。根据何红梅等学者的观点，小额信贷模式的发展可以大致分为三个阶段①：

1. 侧重于为贫困人口提供贷款阶段

20 世纪 60 年代末到 70 年代初是小额信贷模式发展的第一个阶段。在该阶段，其主要服务于具有偿还能力的贫困人口，为其提供所需要的贷款。在这一时期，孟加拉国“乡村银行”和美洲的“行动国际”项目开始了小额信贷模式的试验。先行实践者牢牢把握住贫困人口资金需求数额较小等客户特征，推出如重复贷款、小组联保等方式，专注于提高这一客户群体的覆盖率，使得还贷率达到了 95%以上。

2. 收入覆盖借贷成本阶段

到了 20 世纪 80 年代中期，政府部门、捐赠机构及一些正处于发展过程中的小额信贷项目开始注意到贷款利率与贷款成本的问题，并对是否应该收取覆盖项目成本利率这一问题展开了激烈的讨论。而普遍的观点倾向于支持的一方，认为小额信贷业务至少应该收取能够弥补资金成本的利率。这一阶段，印度尼西亚人民银行成为做出改变尝试的先驱。在 1984 年停止了政府救济项目之后，印度尼西亚人民银行将原有的村级机构转变为乡村银行，向原救济项目的客户提供无优惠利率的信用贷款。这一模式的转变也获得了极大的成功②。到了 20 世纪 90 年代中期，所有成功的小额信贷项目在实际运作中所收取的利率已与当地商业银行持平。小额信贷项目的利率收入必须能够覆盖贷款成本，这也是第二阶段的主要标志。

---

① 何红梅、王惠凌：《小额信贷实务》，北京理工大学出版社，2018，第 11—12 页。
② 何红梅、王惠凌：《小额信贷实务》，北京理工大学出版社，2018，第 12 页。

3. 商业化投资运作阶段

前两个阶段的小额信贷模式取得成功之后，大量捐助机构向其提供资源支持，但是这些资源存在不稳定性，而且也并不能满足客户日益增长的资金需求。于是，小额信贷开始进入第三个阶段，开始寻求商业渠道获取资金，以实现金融的持续性发展。从20世纪80年代末开始，一些小额信贷机构投资的资金已经是初始资本的2～3倍。资金的增多伴随着投资和获取潜在客户能力的提高，业务规模和范围得到进一步扩大，这一模式也得到了进一步发展①。

近年来，国际小额信贷的发展朝着多元化方向迈进：一是小额贷款逐步向微型金融过渡，后者不仅向客户提供贷款服务，还提供包括小额储蓄、小额保险、汇款等在内的综合性金融服务；二是福利主义小额信贷模式逐步向制度主义小额信贷模式转变，扶贫机构的商业化元素日趋增多②。这说明，只有在财务上实现完全独立和可持续，小额信贷才能得到长久发展；同时，监管部门对小额信贷行业的监管原则也逐步达成一致，对于利率的管制也在逐步放松。只有营造一个健全、独立的金融环境，小额信贷行业才能得到长效、稳定的发展。

发展案例

玻利维亚阳光银行③

作为世界范围内第一家专门为微型企业服务的商业银行，玻利维亚阳

① 李建华：《菏泽市小额贷款公司的政府监管问题研究》，硕士学位论文，山东大学，2012。

② 陈慧飞：《小额信贷与农户行为选择研究——以浙江台州市为例》，硕士学位论文，浙江工商大学，2010。

③ 本案例引自范香梅、彭建刚：《国际小额信贷模式运作机制比较研究》，《国际经贸探索》2007年第6期，部分内容有修改和延伸。

光银行是制度主义微型金融的代表，也是非政府组织小额信贷商业化运作的佼佼者。阳光银行前身是一个名为PRODEM的非营利组织，主要资金来源方式是接受捐款。20世纪90年代，PRODEM遇到了自身非政府组织性质和资金筹集两方面的制约。为了突破这些限制，其于1992年被批准转制为专门从事小额信贷的私人商业银行——阳光银行，同时也保留了其作为非政府组织的职能。

与格莱珉银行的运行模式相比，阳光银行模式的运行机制有以下几点不同：第一，阳光银行服务的对象群体主要是经济状况处于赤贫线以上的中低收入群体，大多数为城市微型企业或小商贩，属于非赤贫阶层，但也称不上富裕；而格莱珉银行主要服务于贫困地区不具备抵押资产能力的极端贫困人群，尤其以贫困妇女为主。第二，阳光银行向其服务对象提供的贷款额度相对较高，平均数目超过1 500美元，是格莱珉银行的10倍以上。这也更加印证了阳光银行的服务对象主要为经济状况处于赤贫线以上的中低收入群体。第三，阳光银行的贷款利率相对较高，年平均贷款利率为47.5%～50.5%，以往还需支付2.5%的佣金。对于那些信誉良好的客户，利率会略微低一点，年贷款利率约为45%。而格莱珉银行有四种类型的贷款利率：收益类贷款为20%，住房贷款为5%，教育贷款为5%，生活最为艰难的成员则可享受零利息的政策。这一较高利率的制定能够使阳光银行实现财务独立，能够依靠银行的收入覆盖自身的经营成本。第四，阳光银行的还款机制相对于格莱珉银行来说更为灵活。首先，其贷款期限非常灵活，贷款者可以选择从1个月到1年不等的还款期；其次，贷款者可以按周或按月偿还。银行会评估借款者的信用和现金流量后再来决定以什么方式贷款和还款；而格莱珉银行遵循“整借零还”的原则分期还款，虽然这一方式能够有效预防违约，但是操作起来远没有阳光银行灵活方便。除此之外，玻利维亚还颁布了《私募金融基金法》，此法律能够被用来向符合条件的小额信贷机构发放营业执照，从而为小额信贷提供合法地位，促进小额信贷机构运营的规范化和法律化，推动小额信贷机构更加健康、合规地运营。

玻利维亚阳光银行在发展过程中也会与时俱进，不断调整与完善自身的制度建设，像是小组联保机制随着客户的需求变化而逐渐转变为个人贷款模式。作为制度主义微型金融的代表，玻利维亚阳光银行的经验也值得其他国家和地区学习与效仿。

二、小额信贷模式的成效与挑战

小额信贷是由孟加拉国格莱珉银行首创并延续发展下来的金融扶贫模式，因其获得巨大的成功，被国际上其他组织纷纷效仿，它最初以 NGO 形式产生。其他比较出名的小额信贷机构，比如玻利维亚阳光银行、印度尼西亚人民银行、乌干达银行等，都是由非政府小额信贷组织发展而来的。这些国际机构的小额信贷模式被公认是小额信贷的几种经典模式①。在发展小额信贷模式的过程中，这些主要的模式为金融反贫困事业做出了巨大贡献，带来了较大的经济效益。

（一）小额信贷模式取得的成效

从世界范围内来考察，小额信贷可以在减少个人收入差距、缓解群体间

① 杨芬：《境外 NGO 在华小额信贷运行机制研究》，硕士学位论文，吉林大学，2015。

和地区间的不平等状况、优化资源配置、完善金融市场等方面发挥一定的促进作用。这些作用具体表现为以下几点：(1) 小额信贷是金融减贫领域十分有效的金融工具。对于贫困人群来说，存贷款、小额储蓄、小额保险等方式能为其参与经济活动提供资金保障，也能更加有效地规避所面临的风险。除了为失业人员（尤其是农村妇女）创造就业机会之外，小额信贷还通过其他多种方式帮助农村贫困人口①，为其提供金融服务；对于小微企业来说，小额信贷拓宽了资金筹措渠道，给予其更多的发展机会，提高了自身的营利能力，从一定程度上保障了小微企业的可持续发展。(2) 小额信贷能够在一定程度上促进资源的优化配置，推动技术进步，从而用技术带动金融模式的创新，同时能够推动经济的持续增长和社会的持续发展。(3) 小额信贷可以进一步改善金融市场，从而推动整个金融体系的发展。

(二) 小额信贷模式面临的挑战

小额信贷以较低的风险成本以及具有创造性的运行机制为贫困人群乃至更多的人群提供金融服务，同时，它还能在金融市场上与其他金融机构并存，起到优势互补和良性竞争的作用。然而，小额信贷在发展过程中所反映出来的问题及面临的挑战也不容忽视。小额信贷模式发展到后期都会面临一个重要的战略抉择，即是向以扶贫和社会发展为目标的微型金融机构转变还是向商业化小额信贷公司的方向发展。

根本原因在于，小额信贷这种模式也存在着一定的缺陷。

其一，利率和资金的限制是阻碍其持续发展的最主要因素之一。虽然小额信贷的利率低于非正式放贷者，但仍然存在着降低利率的同时也能保

① 李希光：《中巴经济走廊与世界新秩序》，《中国投资》2017 年第 9 期。

障自身回报的空间。较高的利率使得很多贫困家庭难以承受而不得不放弃贷款。同时，小额信贷过于依赖外界的捐赠和政府的补贴，资金渠道过于单一，这也是大部分小额信贷机构后期逐步向商业化小额信贷公司发展的重要原因。没有充分的资金支持，其发展规模也难以继续扩大，可持续性降低。

其二，小额信贷的贷款模式相对单一重复。不同小额信贷机构之间互相效仿，大部分以小组联保贷款制为主要模式，不仅这一模式过于单一，它们所推行的贷款产品也大同小异。更有甚者，一些贫困户向不同机构重复贷款，使自身陷入过度负债危机的同时也会引起金融市场的饱和，从而对经济发展产生一定的负面影响。

其三，被誉为小额信贷模式鼻祖的格莱珉银行，对于其是否真正有效促进扶贫，学者们也产生了激烈的讨论。有人认为，小额信贷这种模式对于扶贫的作用是有限的，原因在于格莱珉银行奉行“生存技能”原则，它认为贫困户不需要掌握任何技能就能使用贷款，他们所固有的生存技能足以使其在贫穷的时候也能活下去。因此，大多数贷款者都是寻求营运资金继续从事熟悉的行业，银行也很少向贷款者提供相关的技能培训，这对于改善贷款者的技能没有任何明显的帮助，也在一定程度上否定了现代技能的重要性。不管是对银行自身发展，抑或是借贷者今后的发展来说，都是很大的问题。

其四，小额信贷模式的持续发展，离不开健康的金融环境和健全的法律政策的支持。小额信贷最初由非政府组织的形式发展而来，一定程度上可以认为是民间自发的结果。因而这种模式在发展过程中缺少相应的法律政策支持。没有合法的身份，它们只能偏安一隅、谨小慎微地开展业务，从而进一步限制了小额信贷的长效发展。

这样的问题和挑战随着市场经济的发展和金融环境的持续改革还会不断增多。对于小额信贷今后的发展来说，它还需要不断创新与完善。小额信贷只是金融扶贫进程的第一步，拉动社会各界力量通过各种手段参与金融扶贫，才是小额信贷模式发展应产生的作用和效力。

三、小额信贷模式在中国

经过二十多年丰富的实践探索，扶贫小额信贷在中国由最初的社会创新项目逐步转化成了减贫与发展的政策工具。从 20 世纪 90 年代初一些官员和学者赴孟加拉国考察学习，到 1996 年“世界银行秦巴山区扶贫项目”的实施，再到 2014 年多部门共同发布《关于创新发展扶贫小额信贷的指导意见》，中国的扶贫小额信贷基于国情以及减贫发展的阶段性特征，不断改革创新、调整完善，形成了一条具有中国特色的扶贫小额信贷发展之路。

（一）小额信贷在我国的发展历程

在中国金融史的视野中，中华人民共和国成立之初的农村金融合作社被视为小额信贷的“雏形”；在减贫领域，研究者多将 1990 年代以来模仿孟加拉国“乡村银行”的信贷模式视为中国扶贫小额信贷的起点。此后，由最初的非政府组织试点，再到政府推动发展，小额信贷逐步成为中国减贫制度化、系统化、规范化的扶贫政策工具。[①] 按照杜晓山、刘文璞等学者的观点，

---

① 中国社会科学院农村发展研究所：《中国小额信贷与普惠金融发展研讨会暨〈从小额信贷到普惠金融——中国小额信贷发展二十五周年回顾与展望纪念文集〉发布会在北京召开》，(2018 - 11 - 15)［2022 - 10 - 19］，http://rdi.cssn.cn/xsjl/201811/t20181115_4776517.shtml。

我国小额信贷模式实践的发展历程大致可以分为三个阶段。

第一阶段(1986—1995年)是非政府组织和地方政府探索试验阶段。在这一阶段,国家对中国小额信贷试验主要持观望和学习的态度。这一阶段的小额信贷行业基本没有政府的参与,主要体现为非政府组织的实践模式。其以中国科学院的“扶贫社”、香港乐施会项目、联合国儿童基金会项目等为代表;在资金来源上大多依靠国际捐赠和低息贷款,政府基本不介入;运作方式呈现为半官方的特点。这些机构或项目在运作初期因扶贫资金到户率高、还贷率高等优势得到一众好评。但与此同时也存在着扶贫资金没有保障、项目规模小、有违国家金融政策等诸多不足。

第二阶段(1996—2004年)是政府推动实施阶段。在这一阶段,伴随非政府组织及地方开展扶贫小额信贷项目的探索深化和试点增多,国家基本上明确了对小额信贷扶贫的态度。地方政府直接参与小额信贷扶贫试验的强度和范围进一步加大,推动了以国家为主体的扶贫小额信贷项目实施政策的发展。自1996年10月开始,中国开始实施由国家政府和农业银行主导的“政策性小额信贷扶贫项目”,项目资金主要来自国家财政资金和扶贫贴息贷款,占国家扶贫资金的大部分。扶贫信贷资金主要由农业银行管理并直接以“扶贫贴息贷款”的形式发放到户①。小额信贷成为中国扶贫资金和项目到户的一种重要方式,不仅有助于增加贫困人口发展生产的物质资本,也增加了他们参与项目选择的机会和权利,从而减少了扶贫决策的盲目性,在一定程度上也提高了政府主导扶贫的组织和管理能力。不过这一阶段小

① 李行萍:《基于信任的弱势农户与农信社的博弈关系研究——以陕西省为例》,硕士学位论文,西北农林科技大学,2010。

额信贷的发展仍旧存在着很大的问题，诸如扶贫对象定位混乱、项目成功率低、贫困户金融技能十分缺乏等。因此小额信贷的发展尚未具备可持续发展的能力。

第三阶段(2004 年至今)是多主体参与、多元化发展阶段。随着小额信贷成为中国农村扶贫开发的重要行动举措，其在扶贫领域发挥的作用越来越受到重视。但同时政府主导的扶贫小额信贷也存在着局限和不足，由此，商业化小额信贷得以被催生与发展，中国扶贫小额信贷开始逐步步入多主体参与、多元化发展阶段。2004—2008 年，中共中央连续出台五个一号文件，对农村金融改革和发展提出了全面、概括性的要求，对小额信贷的发展也有了明确指向，即“鼓励大力推动，试行多种模式，保证健康发展”①。伴随着国家提出鼓励和支持个人、企业法人或社团法人发起小额贷款组织，国家有关部门也开始制定相应的指导意见和管理办法，以规范扶贫小额信贷的运行和管理，更好地发挥金融信贷的扶贫减贫作用。总的来看，最初发端于国际援助与非政府组织试点探索的小额贷款，发展为国际机构和非政府组织资助小额信贷项目、政府主导的小额信贷扶贫项目和农村信用社的小额信贷项目，以及具有商业性质的小额信贷公司与村镇银行的小额信贷多元并存的发展格局②。

(二) 我国小额信贷发展面临受阻的困境

小额信贷在我国经历了一个曲折的发展过程。其在取得一定成就之后，很快便陷入了困境。非政府小额信贷机构从 2003 年前后的 300 多家一

① 杜晓山:《扶贫小额信贷机构健康发展亟待政策支持》,《金融与经济》2008 年第 3 期。
② 李行萍:《基于信任的弱势农户与农信社的博弈关系研究——以陕西省为例》,硕士学位论文,西北农林科技大学,2010。

下萎缩到目前仅剩的100多家，并且仍在进一步减少中。在2006年以后，国际援助机构开始退出小额信贷领域，投资机构成为主导。随着国内商业化小额信贷的快速发展以及物价水平的上涨，这一时期传统的小额信贷项目面临着资金缺乏、相关法律地位缺失等困难，小额信贷项目和机构逐渐分化，呈现出“过山车”式发展态势，一部分逐渐消亡，一部分艰难维持。到2016年，小额信贷机构的存活率不足50%①，而格莱珉银行模式的非政府小额信贷机构仅有1例存活。但这并不意味着不存在可持续发展的案例，中和农信不失为一个绝佳案例。自1996年试点以来，中和农信不断转型，截至2018年9月，已在全国21个省(自治区、直辖市)9万个乡村开展了小额信贷项目，覆盖人数36.2万人②。

发展案例

中和农信③

中和农信作为一家发展小额信贷的社会企业，服务对象主要以贫困地区的中低收入群体为主。中和农信早期是中国扶贫基金会的小额信贷项目部，于2008年独立并开始公司化运作。中和农信为贫困地区的中低收入群体提供创新性的信贷服务，支持其开展创收性活动，除了推出无须抵押、能够上门服务的小额信贷外，还推出了其他种类的非金融服务，包括金融知识

① 张承惠、郑醒尘，等：《中国农村金融发展报告- 2015》，中国发展出版社，2016，第191页。

② 星焱：《改革开放40年中国金融扶贫工具的演化》，《四川师范大学学报(社会科学版)》2018年第6期。

③ 本案例引自罗煜、李焰：《微型金融的边界——以中和农信小额信贷为例》，《中央财经大学学报》2016第5期，部分内容有修改和延伸。

培训、能力建设等，全方位提高客户的金融技能，从而促使其实现可持续脱贫。

中和农信的成功，最重要的一点在于其超越了传统金融客户服务范围的边界，使得金融运作模式发生本质性转变，主要体现在以下三个方面①：(1) 客户定位。中和农信的服务对象与传统金融机构相比几乎没有重叠，贷款客户 99%都是农民，其中一半以上是在扶贫系统建档的贫困户，真正实现了扶贫的目标。(2) 贷款额度。中和农信的贷款额度远远低于传统金融机构所提供的小额贷款，目前人均贷款额度为 1 万元，个人信用贷款的额度最多为 5 万元。在小组贷款中，针对不同客户的需求，贷款限额也会根据客户需求的不同做出相应调整②。小组贷款以 1 年期为主，农户在还贷时，从第 3 个月开始实行 10 个月等额本息还款，这样一来，相对减轻了农户的还款压力③。(3) 信贷产品。中和农信的主打信贷产品是小组联保贷款，独特之处在于贷款无须抵押、5 人一组联保、妇女作为主要客户群。小组联保的方式同样也是中和农信用来控制风险的方式，利用我国乡土社会中人与人之间的信任和道德约束，从侧面提高农户违约的成本，起到预防违约风险的作用。

此外，中和农信的贷款利率也保证了其运营的持续性。中和农信公示的 1 年期贷款利率是 13.5%(优质客户可以下降到 12.5%)。商业银行 1 年期贷款的基准利率多在 5%左右，在银行根据个人或小企业客户的不同情况

---

① 罗煜、李焰：《微型金融的边界——以中和农信小额信贷为例》，《中央财经大学学报》2016 第 5 期。

② 孟维福：《金融精准扶贫：模式、困境及对策——以河北省为例》，《吉林金融研究》2017 年第 8 期。

③ 罗煜、李焰：《微型金融的边界——以中和农信小额信贷为例》，《中央财经大学学报》2016 第 5 期。

发放贷款时，银行通常会将利率上浮30％～50％（但要求抵押或担保）①。中和农信的利率水平高于银行等大型金融机构，保证了小额信贷资金真正流向那些无法从其他金融机构获得贷款的群体，同时也保证了自身财务的正常运转。

鉴于中和农信运营模式的成功，尤努斯创办的非营利组织——格莱珉信托——已将其在中国唯一直接参与运营的机构格莱珉商都小额信贷交由中和农信管理。作为中国小额信贷发展历程中的一个缩影，中和农信的例子具有很强的代表性。其成功经验也对今后我国微型金融的发展具有很好的示范和借鉴作用。

虽然小额信贷作为一种扶贫方式在我国产生了较为显著的社会经济影响，但是其在运作中也遇到了不少挑战和问题，这也是小额信贷在我国发展遭遇滑铁卢的重要原因。中国的小额信贷项目与国外小额信贷项目之间的最大区别在于，中国国内相当一部分的小额信贷项目运作是由国际组织出资委托某个政府机构来实施的。因此，小额信贷项目的推行离不开政府的支持。另外，在中国注册并运行一家NGO必须得到政府相关单位的批准与主管，在实际运作过程中，地方政府在一定程度上只将其作为一种扶贫手段。另外，小额信贷的试点机构大多由政府组织主管，项目资金来自国家的扶贫贴息政策，因此普遍实行低于商业银行的利率，这也导致其难以弥补小

① 罗煜、李焰：《微型金融的边界——以中和农信小额信贷为例》，《中央财经大学学报》2016年第5期。

额信贷所需的成本，无法得到长效的可持续性发展①。

此外，按照《贷款通则》的规定，只有持金融许可证并经有关部门批准登记的金融机构才有资格发放贷款。非政府组织的小额贷款机构到目前为止还在法律上存在一定的模糊性：目前可用于规制小额信贷的法律法规的效力位阶普遍偏低；对提供小额信贷服务但不吸收公众存款的小额信贷机构的监管模式仍不完备②；小额信贷市场也没有明确的进入和退出的法律机制③等，使得小额信贷的发展仍然缺少一个完善的、健全的法律保障环境。

这一系列问题阻碍了小额信贷在中国的可持续发展，使其一度一蹶不振。如何引导推动小额信贷模式的革新，促使其重现发展的金融奇迹，在这方面，我国在精准扶贫时期的实践经验具有借鉴意义，可以对小额信贷的进一步发展提供有益的参考。

（三）精准扶贫时期的金融精准扶贫实践

党的十八大以来，中国扶贫小额信贷有了进一步的创新发展。在发展中国特色社会主义新时期，中央提出在“十三五”期间中国扶贫攻坚工作要实施精准扶贫方略，加大扶贫投入，充分利用中国的制度优势，出台优惠政策，广泛动员全社会力量参与扶贫④。这一政策方针的出台，对于我国金融

---

① 刘恒怡、王延涛：《小额信贷在我国农村金融体系发展中的问题研究》，《农业经济》2011年第8期。

② 陈可：《乡村振兴战略下农村小额信贷法律规制存在的问题与对策》，《农技服务》2021年第6期。

③ 巴曙松、韦勇凤、孙兴亮：《中国小额信贷机构的现状和改革趋势》，《金融论坛》2012年第6期。

④ 蒙龙光：《基于“互联网＋”农村金融供需分析——以甘肃省扶贫工作为例》，《经济师》2017年第8期。

扶贫领域来说无疑是有力的帮助。面对小额信贷遭遇的困境与挑战,分析并总结提炼出精准扶贫时期金融减贫的举措,或许能够给予小额信贷模式创新一定的借鉴意义和启示。

综合考察我国各地金融精准扶贫的实践经验,共性举措可总结为以下几点:

1. 采取多样化的金融创新模式支持精准扶贫

以甘肃省为例,其金融机构结合全省所有贫困地区的地域特色,推出多种类型的金融扶贫模式,如"信贷+产品创新"扶贫模式、"信贷+大众创业"扶贫模式、"信贷+互联网金融"扶贫模式等。由此,该省贫困地区扶贫的覆盖面得以有效扩大,贫困地区金融服务的普及度也不断提升。

2. 启动专项化的贷款资金渠道支持精准扶贫

在总结政府在农业领域贴息贷款政策的基础上,各地扶贫部门启动专项贷款工程,在实践中探索形成了贫困户直贷、龙头企业带动、合作社或能人带动、村内担保等多样化的贷款形式①,为贫困地区提供了充足的贷款储备资金,减轻了贫困户的经济负担。

3. 推动多元性主体的集体协作支持精准扶贫

以黄冈市为例,其在金融扶贫的实践中形成了地方政府、人民银行、主办银行、保险公司等多元主体互相配合协作的运行机制。地方政府设立精准扶贫风险分担补偿基金,并提供了资金援助;人民银行推动辖区建立金融扶贫工作站,做好建档立卡贫困户及新型农业经营主体的调查、建档、贷款发放等工作,实现金融服务的精准对接,同时推行小额信贷主办银行制度和

① 姜再勇:《对新时期金融支持精准扶贫工作的几点认识》,《甘肃金融》2016 年第 1 期。

管理办法，引导金融机构大力支持并尽可能满足建档立卡贫困户及新型农业经营主体的融资需求；主办银行以脱贫攻坚的重点人群为着力点，把产业扶贫、易地搬迁扶贫、就业助学扶贫作为重点，因地制宜推出符合贫困地区地域特色的金融扶贫信贷产品和服务①；保险公司与银行、政府共同承担风险责任。

4. 创建高效性的信用担保平台支持精准扶贫

建立专业性的信用担保公司，并促使其与其他金融机构合作，推动解决融资担保难的问题。担保公司可与风险投资金融、信托投资基金、公益创投等形式展开合作，广泛吸纳社会资本投资和有发展潜力的社会企业；可与银行类金融机构合作，共同开发出创新的金融产品，并保证承担金融风险；可与互联网金融平台合作，发行固定收益产品，如互联网理财管理产品等，进一步扩大贫困地区社会企业的融资渠道②。

5. 创新金融机构授信方式支持精准扶贫

金融机构对建档立卡贫困户评级授信，建立以信用度、发展能力为主的评级授信指标体系，按照综合分值进行分级，再根据各级对应的相应贷款额度，向等级较高的贫困对象开辟专门“绿色通道”，以保证其能够优先进入贷款审查流程③。

除此之外，我国各地因地制宜推出了众多的金融扶贫支持模式，也都取得了一定的成绩。精准扶贫时期金融扶贫领域能够取得亮眼的成就，取决于很多因素。以上所介绍的只是众多积极因素中的一小部分，但对于促进

① 杨钊：《金融精准扶贫的路径选择与实践演进》，《武汉金融》2016 年第 11 期。
② 周双、刘鹏：《我国贫困地区金融精准扶贫创新研究》，《上海金融》2017 年第 1 期。
③ 周双、刘鹏：《我国贫困地区金融精准扶贫创新研究》，《上海金融》2017 年第 1 期。

小额信贷模式的持续发展能够给予一定启示。党的十八大提出的创新发展将小额信贷所包含的市场机制、社会机制同政府减贫干预的政策优势结合起来，使扶贫小额信贷真正成为中国减贫发展的重要政策工具。如此一来，小额信贷从非政府组织的有益探索，最终为社会政策的创新发展提供了理论参考以及经验基础。而在中国发展金融服务的相关机构日益增多的背景下，如何在与这些金融机构的竞争中立于不败之地，并保持长久的发展，对于小额信贷机构来说是一个需要持续关注和思考的问题。

第三节　非政府组织金融反贫困创新

在参与金融反贫困的过程中，非政府组织推动更多力量参与这一领域，同时，自身也结合实际发展过程中面临的问题与挑战不断改革和完善，推出了若干具有创新性的金融减贫模式与机制，拓展了金融反贫困领域的深度与广度，提高了金融服务的有效性。非政府组织的金融反贫困创新主要体现在以下三个方面。

一、回应多层次需求

非政府组织不仅仅是针对处于生活最贫困边缘的低收入群体，也逐渐关注到妇女、残疾人、老年人等弱势群体，推出了更多的金融反贫困服务项目，像是社区互助金融、社区发展基金、金融知识普及教育、金融能力建设等，针对贫困人群、基层扶贫干部、小微企业等主体进行有针对性的金融知识和能力培训，开展多层次、多形式的理论与实用知识普及。

自从20世纪80年代开始，国际非政府组织在中国开展了针对女性的小额信贷项目，在探索创新路径的实践中，先后采用了五户联保、农村小额循环扶贫、专项小额信贷扶贫等方式，已成为解决妇女发展资金匮乏、缓解妇女群体贫困的重要举措①。中和农信在2016—2018年启动了普及金融知识教育项目，在内蒙古自治区的贫困县针对贫困人群开展金融知识教育及培训活动，同时为当地的机构职员提供金融扶贫相关的能力建设，以创新性的方式回应了贫困人群的金融服务需求，也促进了金融建设和精准扶贫事业的发展。

二、提升服务有效性

非政府组织通过各种创新手段，如将生物识别技术应用到金融领域，利用其识别准确性高、识别速度快和防伪安全性良好等特点，将其逐渐运用至更多样化的金融场景，如远程开户、银行存取款、支付结算、核保核赔等，增进金融服务项目的信息流通量，改善信息不对称的状况，降低交易成本。同时，利用声纹技术，借用语音搜索、语音转账等方式打造智能普惠的移动金融体系，从而更好地为老年群体、残疾人群体等传统移动金融体系不易覆盖的弱势群体提供便利，扩大金融服务的覆盖面，推动数字普惠金融持续发展②。

除此之外，在信息和网络技术快速进步并不断发展的当下，互联网技术

① 陈银娥、苏志庆、何雅菲：《微型金融对女性减贫的影响：基于金融赋权视角的分析》，《福建论坛(人文社会科学版)》2015年3期。

② 李伟：《推动生物识别技术在金融领域安全规范应用》，《中国信息安全》2019年第2期。

也与金融领域深度联合，催生了众多创新服务模式和互联网金融的新业态，诞生了互联网支付、互联网金融销售、互联网融资三种主要的金融形态。非政府组织在筹备金融服务所需要资金的过程中，也推动了多种融资模式的产生，包括众筹融资模式、P2P网络借贷模式、互联网小额贷款公司模式等。在给贫困人群提供更多的金融服务和产品的同时，也有效降低了金融扶贫成本，提升了服务的有效性。

三、搭建行动网络

非政府组织与地方政府、社区展开广泛合作，形成更为综合性的服务体系。非政府组织在拓展自身参与到金融反贫困工作中的同时，也积极与地方政府、社区机构开展合作，协力推动金融反贫困工作的开展。不同主体发挥各自的作用，政府提供政策引导，非政府组织给予社区人力、物力、财力的支持，协助社区制定、规划项目，培训项目执行的相关人员，为其提供金融普惠相关的能力建设，全方位、多层次地打造综合性金融服务体系。

以世界上最大的信用卡和旅行支票组织——Visa国际组织——为例，其在中国携手地方政府、非政府组织和行业机构共同开展了一系列金融合作项目，在基层为贫困人群进行金融知识普及教育以及基层金融机构从业人员能力建设，将金融教育与基层金融基础设施的改善、基层金融产品的创新和基本信用体系的建立相结合，搭建基层金融扶贫的行动网和储备网，推动中国普惠金融事业和扶贫开发的持续发展。

第六章　社区为基础的金融反贫困实务

社区作为人们的社会生活共同体，不仅是共同生活的场域，更是互惠互助的场所。因此，社区视角为金融反贫困社会工作提供了新的切口和知识框架，也为理解贫困地区金融减贫提供了有益的借鉴。众多政府组织、非政府组织都非常重视社区层面的金融服务设施建设和通过社区实现对贫困人群进行金融赋能，并取得了许多有益的经验。长期以来，中国农村的金融服务较为欠缺，通过社区赋能的方式促进贫困人口金融福祉的实现，对于社区金融反贫困实务具有重要的启示意义。

第一节　从社区的视角来理解金融反贫困

所谓"社区"，指的是聚居在一定地域范围内的人们所组成的社会生活共同体[①]。在金融反贫困领域，社区既是金融减贫治理的基本单元，也为理

① 北京市民政局组织编写《社区工作概论》，中国社会出版社，2013，第1页。

解金融反贫困政策的有效执行提供了方法。整体而言,可从以下两个层次来理解社区金融的议题。一是传统的社区环境构成了个体特别是贫困群体的金融活动环境,在血缘和地缘的关系网络中有非常丰富的互惠性金融活动;尤其是在正式的金融服务体系不能延伸进社区的时候,非正式的金融活动满足了贫困社区成员最基本的金融需求。二是社区是金融服务传递的平台和载体,在信息不对称、交易成本高的条件下,借用社区机制可促进金融服务向基层社会延伸。此外,我们也关注社区本身的"财政"议题,认为对社区的集体性资产进行建设和有效管理,有助于增进社区福祉,促进减贫目标的实现。

一、社区的定义与特征①

"社区"在不同国家有着不同的定义,其范围、功能也有所差异,因此需要梳理社区的发展脉络,以便加深认识,做进一步分析。

(一) 何为社区

19 世纪 80 年代,德国学者滕尼斯出版的《共同体与社会》一书中系统阐述了两种社会形态,认为"共同体应该是持久的和真正的共同生活,社会只不过是一种暂时的和表面的共同生活"②,"在共同体里,尽管有种种分离,仍然保持着结合;在社会里,尽管有种种结合,仍然保持着分离"③。他所阐述

① 这部分内容主要引自胡那苏图:《产业地域典型社区协同治理研究——基于日本丰田市的个案分析》,博士学位论文,吉林大学,2020。部分内容做了调整和延伸。

② [德] 斐迪南·滕尼斯:《共同体与社会:纯粹社会学的基本概念》,林荣远,译,商务印书馆,1999,第 53—54 页。

③ [德] 斐迪南·滕尼斯:《共同体与社会:纯粹社会学的基本概念》,林荣远,译,商务印书馆,1999,第 95 页。

的亲密的、单纯的共同体概念成为最早解释社区理论的起源。后来，以帕克为首的美国芝加哥学派赋予社区地域性含义，认为社区是按区域组织起来的人口，这些人口不同程度地与他们生活的土地具有重要关系，生活在共同社区的人们都具有相互的依赖和互动关系①。

20 世纪初，美国学者麦克斐（R. M. Maclver）对“社区”（community）和“团体”（association）展开比较研究，认为“社区是指人们为了保障共同生活的相互行为而产生共同关心，进而被成员认可的社会的统一体”“社区是基于地域性的生活圈，其范围可以是一个村和町，也可以是广阔的地方或国家”②。社区是人们基于普遍的关心（interest）或“一般的”关心而结合的有机体，团体是人们为了追求共同关心而形成的实在的组织体，是具有明确目的的社会的统一体。团体在社区内，基于社区产生多种多样的团体，而作为共同生活形态的社区，基于多种多样的团体而变得更加丰富多彩。麦克斐所述的“社区”是一个有边界的词语，但并不是实际的组织体，具有“地缘性”和“共同性”两个最重要的特点③。

20 世纪 30 年代，学者吴文藻、费孝通等人将英文 community 翻译成“社区”，才有了中文的“社区”一词④。现在中国官方将“社区”定义为“聚居在一定地域范围内的人们所组成的社会生活共同体。目前城市社区的范围，一

① Park R. E., Burgess E. W., *Introduction to the Science of Sociology*, Chicago: University of Chicago Press, 1921.

② ［美］Maclver R. M.：《コミュニティ—社会学的研究：社会生活的性質と基本法則に関する一試論》,［日］中久郎，译，ミネルヴァ書房，2009。

③ Maclver R. M., Page C. H., *Society*, London: Macmillan, 1961: 9.

④ 费孝通：《二十年来之中国社区研究》,《社会研究》1948 年第 77 期。

般是指经过社区体制改革后做了规模调整的居民委员会辖区”[1]。由此，社区的本质含义应当是趋于共同体的，没有明确范围的暧昧的概念，但是在中国，社区是有明确边界的行政单位。

（二）社区的特征

1. 满足多样化需求的场域

从社区的定义中可知，社区最初是人们相互依存、互帮互助的共同体。在社区中，人们共同劳作、共同维护社区环境、满足各种生活需求，通常也具有独特的社区文化。当前学者们针对传统中国乡村社会，有和谐而自治的“小共同体”和对社会进行编户齐民的“大共同体”等两种分析框架和分歧[2]。但是，无论是“小共同体”还是“大共同体”，传统乡村都是人们共同劳作、共同生活、共同满足生活需求的基本环境。中华人民共和国成立后，“单位制”逐步确立，人们在单位里工作，在单位社区里生活，单位能够满足人们所有的生活需求，直到改革开放和“单位制”的解体，“社区制”替代“单位制”，社区逐渐走向多元化，不同类型的社区所提供的服务逐渐分散和差异化[3]。无论当前社区如何分散和多元化，但是其功能仍可体现在以下四个方面：

（1）生产（劳动）需求。自部落社会出现以来，每个社区都是在人们共同劳作和生产的基础上形成的，并以此满足生活需求。后来随着社会的发展

---

① 北京市民政局组织编写《社区工作概论》，中国社会出版社，2013，第 1 页。

② 秦晖：《“大共同体本位”与传统中国社会（上）》，《社会学研究》1998 年第 5 期；秦晖：《“大共同体本位”与传统中国社会（中）》，《社会学研究》1999 年第 3 期；任志安、林国荣：《大共同体？小共同体？——评秦晖的“从大共同体本位走向市民社会”》，《社会学研究》2000 年第 2 期。

③ 何艳玲：《都市街区中的国家与社会：乐街调查》，社会科学文献出版社，2007。

和生产的多样化，出现了分工，但是传统乡村社会仍然是傍山依水的生活环境，村民共同使用自然资源，以此维持生产劳动。在中华人民共和国成立后建立“单位”的社会背景下，“单位大院”或“单位社区”几乎覆盖了所有居民，人们不仅在单位共同劳作，还生活在单位社区，社区成为其生产生活相融合的场域。改革开放后，城市社区逐渐多元化，生产和生活逐渐分开，生产功能逐渐消解。在农村社区，虽然在城乡二元分化的背景中很多农民背井离乡去城市工作，但是还有很多人依然留在乡村，参与各类农（牧、林、渔）业，在社区中生产劳作，满足生产需求。

（2）生活需求。社区是人们的生活共同体，是一定的人们共同生活的场域，由此人们的各类生活是以社区为基础的。随着商品房的大力建设以及人们需求的多元化，逐渐出现了不同类型和具有不同功能的社区，无不体现出人们追求更好生活的现状，也体现出社区为满足人们多样化需求而出现的改变和创新。

（3）政治参与需求。社区的存在离不开一定的人群，而社区的正常运行离不开社区规则的制定和遵循。传统社区中人们制定的“乡规民约”为社区的稳定提供了制度性保障，而随着基层组织法等政策法规的制定，社区逐渐成为“自治、德治、法治”相结合的三治融合的场域。社区是自治的场域，社区居民公开选举社区领导，共同制定社区规则，共同决议社区事务，以此实现社区政治参与，社区也成为人们政治参与的最基层单元。

（4）文化需求。文化是社区的特点之一，人们生活在社区中会形塑各类社区文化，并在社区中满足各类文化需求。虽然在快速城市化过程中，城市社区缺乏对文化因素的关注，社区文化趋于消失，但是随着生活水平的提升以及城市社区老龄化的加剧，社区文化又逐渐活跃起来，多样化社区文化逐渐繁荣，成为满足社区居民，尤其是满足老年人和儿童文化需求的重要组成部分。

2. 国家治理的基层领域

(1) 社区党建是中国共产党治国理政的重要经验。中国共产党通过创建社区党建工作，将社区中的党员聚集起来，共同讨论社区问题，共同谋划社区发展，从意识形态层面关注社区的动态，为社区的稳定与发展奠定了基础。社区党建工作的成功，也为中国共产党的治国理政提供了重要的现实基础。

(2) 社区是国家治理的基层单元。社区的稳定与团结是一个城市、一个国家稳定与发展的基础。社区作为国家治理的最基层单元，很多社会矛盾都会出现在社区，社区成为解决社会矛盾的第一线。随着中国社会治理的创新和基层社会治理的深化，不仅社区治理体系逐渐成熟，而且社区中多元治理主体逐渐协同参与，提供多元的社会服务，实现了社区的稳定与发展。

(3) 社区是政策落实的第一线。社区也是国家政策落脚兜底的第一线，国家通过多样化的政策兜底民生，为社区内低保户、无业群体等人群提供最基本的生活保障。在贫困已久的农村社区，国家亦通过“精准扶贫”等脱贫政策开展脱贫实践，并在2020年年底实现了全面脱贫摘帽。当下实施的乡村振兴战略，亦是以农村社区为基础，为乡村的全面振兴提供各类政策帮扶，社区在乡村治理、城乡融合发展等政策的落地过程中奠定了重要的社会基础。

二、社区视域下的金融反贫困的意涵[①]

从社区的定义和特点能够发现，在社区视域下讨论金融反贫困具有重要的现实意义和理论意义。本部分将结合社区的特点，阐述在社区视域下讨论金融反贫困的必要性和可行性。

（一）社区中金融服务的需求

如上一部分所述，社区是人们满足生产、生活、政治、文化等多种需求的场域，其中金融服务需求是重要的需求之一。从社区金融服务需求来看，可划分为三种类型。

第一，贫困人口的金融服务需求。在传统社会，一方面，社区是人们日常生活的场域，也是熟人社会，正如费孝通先生所述，“差序格局”是中国社会的特点，人们的关系以家庭、亲戚、朋友、邻里这样由内外推，从而形成自己的人际圈[②]。由于传统乡村社会相对封闭，通常一个姓氏的人群组成一个村落，无论是生存需求还是其他需求都能够在社区中得到满足。另一方面，受中国传统儒家文化的影响，中华民族是一个乐于助人的民族，古有“远亲不如近邻”等描述社区中互帮互助的情形。因此，虽然社会流动性逐渐增强，但社区依然是人们赖以生存、获得支持的首要场所。现在，随着移动互联网的发展以及社会金融体系的不断健全，银行借贷等社会金融服务体系逐渐普及，但是对于很多乡村或城镇无固定收入的人群来说，他们没有条件从银行借钱，更没有抵押物进行借贷。因此，直到现在，社区中的

① 这部分内容主要引自胡那苏图：《产业地域典型社区协同治理研究——基于日本丰田市的个案分析》，博士学位论文，吉林大学，2020。部分内容做了调整和延伸。

② 费孝通：《乡土中国》，上海人民出版社，2019，第33页。

熟人借贷现象仍然普遍存在。这也体现出社区金融服务的重要性、必要性。

第二,金融理财的需求。社区中除了有需要服务的人群之外,还有需要投资理财的居民。一方面,在社会金融体系不健全或未普及的时候,这类人通常将金钱借给社区中的居民(通常是熟人),获得微薄的利润。另一方面,即使社会中银行金融体系较为健全,但是出于对银行的不信任,或者出于社区熟人的委托甚至是请求,又或是出于对社区中熟人的深入理解和信任,不少人依然会选择民间借贷,以此帮助社区中的居民,自己也获得利润并规避相应的风险。

第三,金融帮扶的需求。无论是在传统社会还是现在,“能人”“乡贤”等社区精英一直是提供社区帮扶服务的重要群体。虽然这种金融帮扶在中国通常都是以个人的名义进行的,但是在国外出现了很多相关的“基金会”等组织。因此,无论什么类型的社区,无论是传统社会还是现在,社区中的金融帮扶或金融反贫困实践都从未停歇。

(二) 社区社会资本有助于推进金融反贫困实践

不可否认,随着社会流动性的增强,社区逐渐变得多样化,不同社区的社区社会资本具有高低之分。但是我们依然不可否认,社区社会资本对推进金融反贫困实践具有重要影响。

社会资本理论的起源可追溯到古典社会学家迪尔凯姆和齐美尔等人的“集体意识”“互惠交换”等研究中,但是在20世纪80年代布尔迪厄、科尔曼、林南等人进行研究时,这一概念才得到学者们的广泛关注。首次系统阐述社会资本概念的是法国学者布尔迪厄(Pierre Bourdieu)。布尔迪厄认为资本有三种基本形式，即经济资本、文化资本和社会资本[①]。科尔曼(James Coleman)借鉴经济学理性选择理论初步阐述了社会资本概念，认为社会资本有两个特征：一是它们由构成社会结构的各个要素组成，二是它们为结构内部的个人行为提供便利[②]。帕特南(Robert D. Putnam)在《使民主运转起来：现代意大利的公民传统》的序言中指出，“社会资本指的是普通公民的民间参与网络，以及体现在这种约定中的互惠和信任的规范”[③]。总之，社会资本是一个包含多个维度的概念，但是主要由两部分组成：一是客观的社会网络和组织，二是一系列相对主观的道德规范和价值观念。

基于社会资本形成的社区社会资本是以一个社区为范围测量的社区内拥有的集体社会资本。社区作为社会生活共同体，相对于宏观的研究更具有测量的可行性，比如国外学者奥尼克丝量化了社区社会资本，提出对应的指标有社区参与、社会能动性、信任和安全、邻里联系、朋友和家人之间的联系、对差异的容忍度、个人价值、工作联系等[④]。此外，也有国内学者(详见黄荣贵、桂勇的相关研究)对相关文献展开分析，得出了测量社会资本的多个维度[⑤]，具体包括参与地方性社团或组织、地方性社会网络、社会互动、信任、

① [法] 皮埃尔·布尔迪厄：《文化资本与社会炼金术——布尔迪厄访谈录》，包亚明，译，上海人民出版社，1997，第189—211页。

② [美] 詹姆斯·S. 科尔曼：《社会理论的基础(上·下)》，邓方，译，社会科学文献出版社，1999，第369—376页。

③ [美] 罗伯特·D. 帕南：《使民主运转起来：现代意大利的公民传统》，王列、赖海榕，译，江西人民出版社，2001。

④ Onyx J., Paul B., "Measuring Social Capital in Five Communities," *The Journal of Applied Behavioral Science*(36) 2000：23-42.

⑤ 方然：《“社会资本”的中国本土化定量测量研究》，社会科学文献出版社，2014，第32页。

志愿主义、社会支持、社区凝聚力、社区归属感等①。与此同时，社区社会资本也存在多种类型。黄荣贵、桂勇划分出社区内“垂直型社会资本”与“水平型社会资本”两种类型②。陈捷划分出“共通性社会资本”和“特定性社会资本”两种类型，并做出了分析③。

虽然随着社会的流动性增强以及城市化的推进和社区逐渐多样化，社区社会资本体现出高低差异，但是在共通性社会资本较强的社区中，居民之间的信任度较高，有助于金融层面的互帮互助；而在特定性社会资本较强的社区中，可以发展现代化的“社区基金会”等，继而促进现代化的社区金融反贫困实践④。

（三）社区的政策关联性

社区不仅是人们满足多样化需求的场域，也是国家治理的基层单元。如上述部分提出，社区与国家治理政策具有较高的关联性，只有将社区治理与国家治理政策联系在一起，才能更好地认识社区。在社区金融层面，国家通过多年的扶贫政策将大量的人力、物力、财力投入各类社区，为社区建设提供了基础。现在，国家又通过乡村振兴战略等政策，支持农村社区的建设和发展，为社区居民发展生产、创新创业等提供多元化的金融帮扶服务，探

---

① 桂勇、黄荣贵：《社区社会资本测量：一项基于经验数据的研究》，《社会学研究》2008年第3期。

② 黄荣贵、桂勇：《集体性社会资本对社区参与的影响——基于多层次数据的分析》，《社会》2011年第6期。

③ 陈捷、卢春龙：《共通性社会资本与特定性社会资本——社会资本与中国的城市基层治理》，《社会学研究》2009年第6期。

④ 陈捷、卢春龙：《共通性社会资本与特定性社会资本——社会资本与中国的城市基层治理》，《社会学研究》2009年第6期。

索出具有中国特色的社区金融反贫困机制。

第二节　以社区为单元的金融减贫治理

从传统社区到当前的多样化社区，不同时期和不同社区环境中的金融反贫困也表现出多种类型，如社区中非正式金融互惠、社区金融的社会化和政策背景下的社区金融赋能等。

以社区为单元的金融减贫治理指将社区作为重要的金融环境和金融服务载体，通过正式或非正式的干预手段，提升社区金融服务能力，以增进社区成员的金融福祉。但是目前以社区为单元的金融减贫治理主要是商业银行社区金融服务，并且是从经济学的角度来重点阐述如何推进金融服务，对于如何发挥金融在社区中所起到的作用并以此来推动反贫困的研究较少，甚至可以说比较罕见。下面我们将从社区性金融互惠机制、社区金融赋能的干预以及通过社区赋能传递金融减贫政策这三个方面，重点论述以社区为单元的金融减贫治理机制。

一、社区性金融互惠机制

研究者提出，当我们深入个体的金融生活世界，便会发现社区构成了最为贴近、最为直接的金融环境①。比如，由于紧急情况发生而急需向他人借钱周转时，以社区为单元的熟人、朋友会成为首选，这是因为省去了不必要的程序，能在最短时间内获取资金，这是大部分人首先会想到的方式。除此

① 李昌平：《李昌平：创建内置金融村社及联合社新体系》，《经济导刊》2015 年第 8 期。

之外，在早前以社区为单位开发的一些金融服务组织也具有省时、省力、省操作程序的优势，往往在紧急情况下更容易受到青睐[①]。

互助是社区重要的价值与特点，人类学家发现，在众多发展中国家的农村社区，社区性的互助金融机制发挥着重要的作用。正是这些社区性的非正式金融制度的安排，为需要资金的人提供了重要的补充[②]。现有的研究普遍认为，农村非正规金融机构比正规的金融机构具有相对优势[③]，主要表现为以下几方面：第一，运营成本低，固定成本少且灵活；第二，对担保的要求不高，借款人与贷方之间的合同关系通常构成了非正式制度，如道德、伦理、传统或宗族；第三，在信息比较方面，在以社区为单位的非正式金融中，交易双方的信誉、偿付能力、资本投资和项目前景等信息相对透明；第四，利率相对灵活，借款人和贷方可以根据资金的供求自由确定，同时也会参考官方金融市场的利率和人际关系的接近程度；第五，交易的执行和保护取决于社区规则，多数农民的非正式财务安排是自发且能满足自身需求的。

一方面，由于农村地区非正式金融交易存在非规范性与一定程度的高利贷风险，以及主要在国家控制范围之外，国家对非正式金融（基于互助的私人贷款除外）持压制态度，法律禁止提供大量私人牟利贷款[④]。另一方面，国家不允许高利率贷款，农民无法通过正规融资和政府补贴获得贷款，但又

① 夏英、宋彦峰、濮梦琪：《以农民专业合作社为基础的资金互助制度分析》，《农业经济问题》2010 年第 4 期。
② 苑鹏、彭莹莹：《农民专业合作社开展信用合作的现状研究》，《农村经济》2013 年第 4 期。
③ 孙同全、潘忠：《新中国农村金融研究 70 年》，《中国农村观察》2019 年第 6 期。
④ 朱信：《中国农村经济发展的金融支持研究》，博士学位论文，哈尔滨工程大学，2006，第 122 页。

急需用钱。多项调查研究表明，对农业发展来说，以社区为基础的非正式金融制度已经成为最大的信贷支持，在当前的时代发展背景下，非正式金融制度的存在反映了金融市场化发展的方向，而且对于减贫领域的发展也具有不容小觑的作用。在中国，非正规金融持续为贫困农民和中小企业提供生存和发展所必需的资金，从而缓解了资金短缺与正规金融部门财务需求紧张之间的矛盾。在克服信息不对称和利率营销方面，非正式融资比正式融资具有更大的优势，这为中国发展非正式金融提供了更多便利与可能①。

在众多发展中国家中，非正规金融在解决社会问题、促进经济发展方面起着重要的作用②。1993 年，据蒙蒂尔（Montiel）对一些经济欠发达地区的调查显示，在金融市场中非正规金融所占份额为三成至七成。非正式金融制度是为了弥补正式金融制度的缺陷由民间自己发起的，目的是改变原来的资金流动方向，促进经济发展。在中国农村，面对生产成本的缺乏，最常见的方式就是向身边的亲戚朋友、街坊邻居借贷③。

基于社区的商品所有者之类的个体放贷者也是比较常见的金融服务者，他们掌握着社区的有效资源，通过日常工作与交流对社区居民产生了一定的了解，在金融交易时能根据自我判断来决定是否放贷给对方，以期能够最大限度地将自己的金钱有效收回，并且无须接受培训和专业金融机构的评估④。商品所有者向信用较好的客户提供商品，这些客户“赊购”商品并在以后付款。这种方式在高度依赖农业发展的农村地区特别普遍，贸易商可

① 傅振：《基于契约分析的非正规金融研究》，硕士学位论文，西南财经大学，2009。
② World Bank, “Issues in Informal Finance,” *World Development Report*, 1989.
③ 金烨、李宏彬：《非正规金融与农户借贷行为》，《金融研究》2009 年第 4 期。
④ 李北方：《农村金融：为谁服务?》，《南风窗》2012 年第 10 期。

能是农民非正规信贷的重要来源，如信用额度扩展到原材料的购买，并承诺将产品出售后把钱还给贸易商。例如，河南兰考县由企业提供小羊、圈养地以及小羊出笼前的成本，直至农户用羊来支付企业的垫付资金。这对于缺乏启动资金的农户参与农业发展、实现脱贫致富有着重要意义。

除了个体提供者之外，基于社区的金融服务提供团体还包括本地团体。本地团体最常见的目标是将小笔款项合并成更大的，具体的目标应根据团体的性质而有所差异，常见的有以下三种类型：（1）循环储蓄信用协会（Rotating Savings and Credit Associations，ROSCAs），主要是汇集资金在成员之间流通使用，又称轮转基金，用于应对意外或者是作为紧急费用；（2）累积储蓄信用协会（Accumulating Savings and Credit Associations，ASCAs），是一种比ROSCAs更灵活和复杂的团体储蓄机制，成员仅在有需求时才会借用自己和其他成员认定有能力偿还的金额，利息支付提供了储蓄回报并在协会内部平均分配，而ASCAs的周期时长因人而异，通常为6～12个月；（3）非正式的小额保险公司，侧重于保险服务的提供，仅在有限的区域内运作，与市场的亲密关系使其能更轻松和有效地设计与销售产品，如丧葬协会在成员丧亲时提供帮助、担架俱乐部负责解决农村地区突发事件①。

二、社区金融赋能的干预

并不是所有的社区都自然而然地建立了社区性的金融互惠机制。因此，通过外部干预推动社区金融互惠能力的提升就成为金融反贫困的重要

① [加]乔安娜·莱杰伍德、[加]朱莉·阿恩、[加]坎迪斯·尼尔森：《新版小微金融手册》，白海峰、游春、黄文礼，译，中国金融出版社，2017，第150—153页。

议题。为了加强基于社区的金融服务提供者即本地团体的建设，世界上的很多地方都会成立促进机构，通常是通过 NGO 或其他外部机构提供的便利（培训和能力建设支持）来增强本地的 ROSCAs、ASCAs 和非正式保险服务，这些促进机构主要包括储蓄团体、自助团体和其他服务商团体。

（一）储蓄团体①

20 世纪 90 年代初在非洲发端并逐渐转向亚洲和拉美地区的储蓄团体（Savings Groups, SGs）通常与银行联系以获取大宗贷款，以不同形式存在于许多国家。更正规但没那么普遍的团体包括金融服务协会（Financial Service Associations, FSAs）和乡村储蓄与信贷银行（d'EPargne et de Cre'dit Autogeer'er'e, CVECASs），它们规模更大、以社区为基础，更像非正式的金融合作社。与其他以社区为基础的团体不同，它们一般依靠持续的外部管理，尽管自助团体（Self Help Group, SHG）可能还需要持续的协助。通过接受向会员提供的金融服务，许多人只能获取有限的储蓄和贷款服务。为此，服务商团体试图引导成员通过加入团体增加储蓄和借贷的机会，进而产生更稳定的现金流，以管理代价更高、与生命周期相关等的风险，增加金融普惠。此外，服务商还重视对成员财务能力的培养，通过定期见面提升成员对财务管理的重视程度，引导其对财务管理进行批判性思考。然而，一些人认为服务商团体可以采取更多行动提高成员的财务能力进而增进金融惠普，如提供金融教育，帮助成员获得关于管理钱财的知识、计划未来开支、比较金融服务提供者所提供的产品等。

---

① ［加］乔安娜·莱杰伍德、［加］朱莉·阿恩、［加］坎迪斯·尼尔森：《新版小微金融手册》，白海峰、游春、黄文礼，译，中国金融出版社，2017，第 150—153 页。

（二）自助团体[①]

于 1980 年代在印度成立的自助团体由 10～20 人组成，其中大多数是妇女、贫农或失地农民，得到了来自非政府组织、农民俱乐部、政府机构甚至银行等各种外部组织的支持。SHG 本质上受信用驱动，成员们通过存款满足向银行贷款的必要条件；作为一个社区平台，它们还鼓励妇女积极参与乡村事务，参加地方选举或采取行动解决社会或社区问题，到 2010 年，将近 700 万团体为超过 8 000 万的成员提供服务，使其成为印度乃至全世界小额信贷的主要形式。

尽管 SHG 由非政府组织率先提出，但它如今已由国家农业和农村发展银行（NABARD）推动并规模化发展。发展这种关系的潜力是由政府授权、向银行贷款的优先部门催化的（所有银行信贷的 40%必须借给优先部门的借款人，比如农业、小微企业和低收入人群），多数银行为政府所有，在人口密集的农村地区为农村客户积极提供各种服务。自该计划启动以来，该银行已向数百家银行贷出数十亿美元转贷给 SHG，从而大大增加了它们的数量。SHG 向所有人开放，包括印度的下层阶级；自助团体中邻近的社区更容易借助亲密关系将人们组织起来。而自助机构的针对性政策影响了 SHG 的形成，有些仅针对贫困地区和贫困人口，有些针对较弱的贫困人口，有些则针对社区的弱势群体。

① 这部分内容主要参考[加] 乔安娜・莱杰伍德、[加] 朱莉・阿恩、[加] 坎迪斯・尼尔森：《新版小微金融手册》，白海峰、游春、黄文礼，译，中国金融出版社，2017，第 160—162 页。

（三）其他服务商团体①

1. 金融服务协会

在国际农业发展基金会的支持下，金融服务协会（Financial Service Associations，FSAs）于1997年在贝宁成立，它是村级组织的会员制的运营机构，已经在几内亚、肯尼亚、乌干达和塞拉利昂等多个国家推行。该协会最初的目标是使成员在接受初步培训和监督后实现自力更生，但现在因为管理不善和治理薄弱而发展受限，具体来说，管理人员大多缺乏管理金融机构所需的基本能力和经验，管理与治理之间缺乏明确的职责分离，导致出现了诸如向没有义务偿还债务的朋友、亲戚或董事会成员发放贷款等问题。为了应对这些挑战，大多数FSAs都签订了管理合同并根据该合同雇用一家外部服务公司来帮助管理运营。

2. 乡村储蓄与信贷银行

乡村储蓄与信贷银行（CVECAs）是基于成员、受外部技术支持推动的小额信贷中介机构，重点关注偏远的农村地区。它们最初是由总部位于法国的国际研究发展中心推动的，旨在改善西非合作社的传统模式。这一机构在农村地区开展业务，主要服务于非农收入最低、温饱问题未解决的农民。尽管大多数CVECAs的成员数少于250人，但它们通过与区域联盟结成网络来实现灵活性和规模经济。CVECAs最早于1980年代后期在马里共和国的多贡地区发展起来，并已在非洲其他国家（如喀麦隆、冈比亚）复制，让原始模型适应当地环境。在冈比亚，它们被称为“村庄储蓄和信贷协会”，主

① ［加］乔安娜·莱杰伍德、［加］朱莉·阿恩、［加］坎迪斯·尼尔森：《新版小微金融手册》，白海峰、游春、黄文礼，译，中国金融出版社，2017，第165—166页。

要职责是提供安全、便捷的储蓄途径，提供现金账户、定期存款以及贷款。这些团体中的一些还采用外部信贷，扭曲了储蓄的激励机制，带来围绕团体的还款、所有权和持久运营方面的挑战。许多人还遭受疲软监管的困扰，这是许多金融服务提供者要面对的常见问题。

三、通过社区赋能传递金融减贫政策

为了促进金融服务的包容性，主要的国际发展组织、各国政府、众多非政府组织在普惠金融服务方面都倾注了大量的心血。然而，正如在前面几个章节中提到的，无论是政府的金融减贫政策，还是非政府组织积极倡导的小额信贷项目，在“落地”环节都尴尬地遇到了“最后一公里”问题。其主要的困难在于外部环境问题以及内部主观因素两个方面。外部环境问题是有关金融减贫和小额信贷项目执行不到位的制度性因素以及农村社会结构失衡的环境因素；内部主观因素主要是指部分村干部滥用权力，并没有把资源真正落到实处。

通过社区赋能重构金融下乡的链条和机制，成为优化金融减贫政策供给和服务传递的有效方法。下面将以《海南日报》报道的宁夏盐池县曾记畔村的金融扶贫模式为例，阐述该村运用互助资金促进农民生产发展与增收致富的尝试与探索。

发展案例

曾记畔村的金融扶贫探索①

宁夏回族自治区盐池县王乐井乡曾记畔村共计 728 户、2 058 人，因自然

① 宗兆宣：《“千村信贷 互助资金”的金融扶贫探索》，《海南日报》2017 年 8 月 4 日。

条件受限(全村沟壑纵横，多风且干旱少雨，自然条件差，现有 2.6 万亩耕地全部为旱耕地)而致贫。近几年来，村级发展互助资金让这个村庄发生了巨大变化。总体来说，互助资金解决了启动资金的难题，使农民收入增加了 4 倍多。

首先是在曾记畔村建立便民金融服务点，主要是为了方便村民办理一些银行业务，解决了村民通行不便、不会操作等问题。此外，由村党支部书记现场指导村民取款，在一定程度上给足村民安全感，能够让金融更好地走进寻常百姓的家中。2006 年，人均年收入不到 1 500 元的曾记畔村被国务院扶贫办确定为"村级发展互助资金"试点村，村党支部书记被任命为互助社理事长。所谓的村级发展互助资金，就是政府前期无偿注入一部分资本金，农户交纳一定的互助金入股，每户可享受 1 000～5 000 元不等的借款支持。该种方式的转变也是救济性扶贫向发展性扶贫的转变。

曾记畔村的成功得益于村民思想意识的转变。以前贫困户几乎很少把扶贫资金用到家庭发展方面，一般用于日常性消费。而互助资金把无偿给的钱变成了有偿的借款，使贫困户意识到这钱只是先借随后要归还，让他们在还贷压力下将钱用于生产发展。2007 年，曾记畔村的互助社正式运行，交纳 1 000 元互助金入股的村民每人可以至少得到 2 000 元借款，解决了贫困户发展生产缺启动资金的难题，并促使他们将资金运用到生产过程中。现在，曾记畔村的互助资金主要用于解决养老、看病、教育和循环资金问题。

2015 年，曾记畔村的 196 户贫困户将政府发放的人均 2 000 元扶贫资金注入互助社，作为扶持对象个人交纳互助金，一方面提高了贫困户入社率，另一方面使贫困户能最大限度借款，户均借款达到 1 万元。互助资金让村民有了发展生产的启动资金后，该村年人均纯收入从2006年的不足1 500元增加到2017年的8 258元，增加了4倍多，贫困户数也由原来的385户减少到196户。村民们全部把借款用于发展项目，没有一人违约还款。至2017年，该村已发放借款678万元，受益农户达625户，其中174户是贫困家庭；与此同时，在曾记畔村互助资金运行模式的成功带动下，盐池县村级互助社迅速发展到近百个，资金总量近亿元，受益农户达1万多户。

互助资金只能帮助村民解决生产的起步问题，不能满足想大规模发展产业的村民。根据该村的经验，"千村信贷"的银行贷款模式由此产生，将信贷资金与互助资金捆绑运行。2012年，盐池县被宁夏列为"千村信贷互助资金"金融创新扶贫工程试点县，盐池县农村信用合作联社开始全面推进这一利民惠民工程，对有信贷需求且符合条件，但在互助社借款不能满足发展需求的社员，由互助社推荐并给予高达借款金额10倍的贷款。截至2017年，盐池县农村信用合作联社已与88个村级互助合作社实现了信贷捆绑合作关系，占盐池县全部项目村的92.6%，4 052户贷款额共计3.63亿元，有效地解决了贫困户的发展资金难题。

值得一提的是，在脱贫攻坚的过程中，中国注重加强金融政策、产业政策，以及其他农业农村改革发展政策的统筹安排，提高政策的协同性，取得了多方面的积极成果和有益经验。邮政储蓄银行广东省分行开展了围绕金融扶贫方面的实践，深化各种资源的整合，采取"政企银"扶贫工作模式，研究了一系列相互促进的发展模式。

其一，将企业支持和扶贫结合，通过提供"转移贷款""税收贷款""农业贷款”“专业贷款”“快速贷款”等服务来促进减贫。其二，通过产品创新来改善农村地区的资金环境，并在财务准确性和减贫方面取得良好成果，如广东省农业协会开发了减贫微型站点系统，通过实施“政府—银行—保险公司—贫困户”模型，用于支持贫困户开发创业，帮助他们脱贫并取得自身发展成果。其三，创建缓解农业贫困的产业模式，如广东省进出口分局链接农业产业化国家领先企业之一的温氏股份的资源，成为对抗贫困进程中的联合力量，并创建了温氏股份作为依托；“公司＋农民（或家庭农场）”这一独特的产业模式有力推动了乡村现代养殖业的发展。2021 年，公司投入产业发展乡村振兴项目的资金超过 3.36 亿元，并为 4.54 万户合作农户（或家庭农场）带来超 75 亿元的养殖收益。下面以中国农业发展银行广东省分行的“涉农资金整合＋以奖代补＋先建后补＋贷款贴息”扶贫项目为例，阐述中国农业发展银行清远分行是如何用 1.2 亿元的资金支持阳山耕地整合这一创新过程的。

发展案例

银行帮扶阳山县的金融扶贫模式

中国农业发展银行清远分行借助“农业资金＋补贴＋先建设再补贴＋贷款补贴的方式进行补贴”的扶贫项目，由公司支持阳山县耕地整合，并提供“政府授权、国有贷款企业和企业自营职业”的服务。阳山土地整合项目总投资 1.2 亿元，首期交付 3 585 万元。

阳山县是一个典型的农业县，山多且大部分是石灰岩地区。人均耕地面积少，耕地细密，低矮的丘陵将耕地隔开，严重制约了现代农业的发展，缩减了农民的收入。整合耕地可以有效地分割土地，促进土地流转，促进中等规模的农业经营,发展现代农业,并进行大规模经营和规范管理,实现经济的发展。

为了在财政资金的指导和实施中发挥充分作用,引导社会资金积极投入农业领域,阳山县人民政府发布了《涉农建设项目招商引资奖补办法》《农村耕地整合整治项目奖补办法》等相关政策,这些内容明确规定了三个任务:(1)开展以奖励和补贴模式为主的耕地整合项目,并以村级经济合作社为主体建设,充分调动农民参与土地整合的积极性;(2)加快耕地整合,提高农民素质和效率,促进农民增收;(3)推进阳山县农业产业化,推进标准化和现代化的建设基础。

根据《促进与农业有关的建设项目投资的规定》,阳山县对从事与农业有关项目的公司的贷款采取利息和利率补贴措施,充分履行了公司对农业相关项目投资的承诺,有效降低了公司的融资成本,并将公司的资本投资引导到与农田农业一体化相关的项目中,还提供政策支持当地农村和农业基础设施的建设。

在与阳山县的对接中,中国农业发展银行清远分行结合实际情况,对阳山的耕地整合进行实地调查,为"农业资金整合＋补偿奖励"做出了贡献。"先建立贷款贴息再补充"贷款支持模式,促进了阳山县耕地整合项目的成功实施。同时,阳山县政府公布了《农业相关资金使用管理办法》,明确了阳山县财政的六种农业相关资金类别,并建立了会计核算体系以及用于农业发展银行中与农业有关的资金,等等。

阳山县土地整合项目于2018年4月获中国农业发展银行广东省分行的批复,项目总授信额1.2亿元,其中6月末实现首笔投放3 585万元,为阳山县耕地整合建设提供了有力的资金支持,为该县土地整合项目后续建设做好了铺垫。“随着项目资本金以及融资资金逐步到位，将进一步加快田、水、路综合整治，初步实现耕地由碎到整，扭转土地细碎化状况，达到田成方、路相通、渠相连的效果。”中国农业发展银行清远分行相关负责人表示。

从上述多个案例中可以发现，通过社区赋能传递金融减贫政策具有重要的现实意义，也具有较高的可行性和复制性。由于不同地区的社会条件有所差异，应结合当地特点创新多种金融减贫政策，以此推进社区金融反贫困实践。

第三节　社区财政与社区治理①

在上文中我们关注了以社区为单元和以社区为方法的金融反贫困议题。其中，容易忽视的是对社区本身集体性资产与社区治理议题的讨论。在本节中，我们将重点聚焦于对社区本身的一些探讨。

一、社区财政的内涵与价值

“社区公共财政”被称为村民拥有的经济资源和资本，治理方式具有直接影响。在此过程中创造和加强的集体价值有效促进了村庄的集体经济和公共服务水平的提高。

社区是公共生活的基本单位。公共财政资源影响提供公共物品的能力

① 本小节内容整理自：吕方、苏海、梅琳：《找回村落共同体：集体经济与乡村治理——来自豫鲁两省的经验观察》，《河南社会科学》2019 年第 6 期，内容有调整和延伸。

和公共利益的水平。着力于公共财政资源的管理、使用和分配，需要建立多元化的社区社会组织，构建合理的良好治理结构。在这方面，农村经济的发展不仅提高了公众直接提供公共物品的能力，而且促进了社区治理体系的优化。社区财政的价值就在于通过社区集体资产建设，促进社区秩序的优化和福祉的提升。建立的正式和非正式的制度安排，对维系乡村基础的秩序以及维系国家与社会之间的互动关系具有十分重要的作用。农村共同经济的发展和扩展将为公共社区恢复“乡村社区”提供财政基础。妥善管理和使用农村公共收入将有效优化农村治理体系，增强农村治理能力。

第一，利用社区的公共财政资源可以增强社区组织的效率和连贯性，从而巩固党的执政基础。集体经济作为重要的公共财政资源，对提高农村党组织的服务能力、前沿能力和管理能力有很强的支持作用。在公共财政资源的支持下，村级党组织为服务人民奠定了基础。村民已经认可了乡村社区的党组织，可以有效地满足以家庭为单位的人们的各种需求。同时，在使用共同的经济收入的过程中，规范决策程序和财务程序可以有效地促进党组织的运行，然后在组织的有效领导下进行实地协商和自治。集体经济收入作为满足群众需求的“红色基金”，在巩固党对经济发展的绝对领导地位中发挥了重要作用。

第二，利用社区的公共财政资源可以有效促进农村文明。知识界已经较为广泛地认可了社区公共资源（财力）在引导宗族成员、尊重信教群众方面发挥了积极作用。通过公共财政，人们提升了社区意识，成员的身份和社区的秩序得到了维护，成员的行为得到了有效的指导和引领。

第三，利用社区的公共财政资源可以帮助改善农村治理体系。随着集体经济的发展，镇上的人们将更加关注村庄的集体发展情况，并将提高社区的凝聚力和向心力。在维护和利用共同经济的过程中，各地的伙伴组织和乡村社会组织联合起来，民主得到了推进，农村治理体系也在不断完善。在利用共同经济收入方面，政府按照措施规范各项支出，发挥组织作用。在社会服务方面，有如村庄一级的扶贫委员会以及已设立的红色和白色理事会。尊重群众的意愿和主观性有效改善了当地的基层治理制度。

“村落共同体”的建立维持在两个层次上。一个是社区中可信的互惠秩序，即莫斯所说的三个密切相关的行为过程：礼物从赠予到收到再到反馈的一个过程，以及在此基础上建立的社会联系和社会团结①。特别是在流动性增大的背景下，互惠机制的存在和运行对于乡村社区的生存来说是重要的基础。另一个以社区的公共财政资源为基础，围绕社区公共物品的提供和管理，包括社区指导和公众意识，其中公众意识是社区参与和建立的核心。

二、社区财政与社区治理

农村集体经济也被称为“农村集体所有制经济”，是指农村社区成员共同拥有、共同工作、分享劳动成果的主要生产资料的经济组织。中华人民共和国成立后，传统的农村管理体制和社会组织体制的变革构成了国家建设的重要组成部分。经过几个步骤的互助，初级合作社、中级合作社和高级合作社在农村社会建立了人民公社体制，即“三级所有、队为基础”。在人民公社体制下，生产资料采用集体的方式，成员参加共同劳动和分配。经历了

① ［法］马塞尔·莫斯：《礼物：古式社会中交换的形式与理由》，汲喆，译，上海人民出版社，2002。

“文革”之后，该体制很难适应农村生产力的释放和满足发展农村生产力的需求，在这样的背景和压力下，1970 年代后期开展了农村改革。改革以来，农村集体经济逐步发展。每个时期常见的农村收入来源都有很大的不同，但是从总体趋势来看，集体经济并没有得到足够的重视和充足的发展。应该多层次、全方位、宽领域地发展社区集体性资产，其内容主要包括以下几个方面：

着眼于农村共同经济的发展和壮大。我们应该把重点放在集体经济上，以支持公众的公共财政资源，促进公众意识、公众合作、公共精神和公共文化，然后增强社区人民的融合和认同，改善社区的整体环境。

建立促进农村集体经济发展的政策体系。首先，启动支持集体经济发展的投资和筹资政策以及税收优惠政策。加大政府的财政支持力度，并组织农业供给改革基金、现代农业生产发展基金、保护性耕地建设补贴设施、农业科技推广和补贴资金。支持农业生产资金，并支持村级集体经济的发展。加大财政支持和税收优惠力度，积极寻求商业银行的合作，建立专项资金，发展和扩大村级集体经济，为村集体经济项目提供有效的信贷支持。其次，鼓励建立集体经济和金融奖励制度。通过改善评估机制，为集体经济的发展树立基准，并增加社会对发展集体经济的承诺。全国几个政府部门将每年选择和发展一些集体经济示范村，对其进行高度赞扬和奖励，为村干部建立促进增加收入的补偿制度，并在村一级上结合集体收入体现出来。鼓励村民积极参与集体经济，并从集体收入中获得收益。一部分资金用于鼓励“村官”，让他们更加鼓足干劲。最后，提供智力支持，发展集体经济，联系不同资源。建立专家团队，选择熟悉乡村政策，掌握农业技术、市场需求，有管理经验的专家、学者和名人，通过专家建议、技术指导、业务培训、信息推广和其他服务来支持村级集体经济的发展和成长。

除此之外，还可以通过产业化、工业化、信息化以及新型城镇化来带动集体经济的发展，同时集体经济也会促进这些方面的发展。

农业产业化是农业转型的必由之路。结合农业用地、土地流转、大规模经营和工业化的“权力分立”政策，不仅会有效走出运营带来的效率困境，而且还会有效缓解分散的“小农经济”所造成的不利影响。同时它还可以促进集体经济的发展。鼓励集体经济组织引导土地合作社集中转移城镇居民的土地，农民可获得土地流转收入与固定的红利，村集体也可获得一定的收入。一些地区依靠特殊资源发展旅游业，促进第一产业与第三产业的融合，发展村镇企业或股份制经济形式，促进集体经济发展。

“互联网＋”提供了新一轮农村经济发展机会。在农村电子商务的发展过程中，集体经济具有经济保证价值。例如，山东省曹县以“淘宝县”闻名，大集镇以专业服饰闻名。在促进电子商务发展方面，政府积极推动各种电子商务基础设施的建设。随着本地电子商务企业的发展，带动了物流企业和其他相关企业的发展，其对工厂租赁、劳务中介服务和技能服务的需求也不断增长。随着农业产业的发展、农村再工业化和农村信息化的发展，人口流动性发生了变化。越来越多的外来务工人员选择就业时不再集中在北上广地区，这种变化趋势也推动了农村地区的新型城市化发展。

这是通过实现农村社区的升级改造和因某种不可抗因素迁移村庄中的社区从而为实现集体经济做出贡献的另一重要手段，主要方式是保留一定比例的财产以及建筑和土地，以用于租赁或发展业务实体。

国家在政策层面给予了高度的重视，"村落共同体"的有效运营和维护取决于许多因素，但是毫无疑问，农村社区的公共财政的规模、管理和使用对于农村社会秩序的维护、农村地区的治理，以及重塑"村落共同体"具有重要的意义和价值。因此，在金融反贫困实践中，需以社区公共财力为支撑点，带动集体经济的发展，促进社区整体经济的发展与进步。

第七章　面向特殊群体和个体的金融社会工作干预

本章主要介绍面向特殊群体的金融反贫困社会工作干预，涉及老年人、女性、青少年、残疾人等群体，这些特殊群体往往自身发展能力不足，同时面临来自政治、文化、社会、金融等各方面的排斥，导致其资产具有更强的脆弱性和风险性。本章从提升金融能力以及加强资产建设的金融社会工作的核心理论和实践范式出发，针对目前金融社会工作对特殊困难群体的金融反贫困干预实践进行梳理介绍，包括加强对特殊群体的金融教育、建设具有资产积累性质的个人发展账户、完善小额信用贷款、扩大小额保险的覆盖面等，并讨论这些金融反贫困实践在增加特殊困难群体的金融福祉和促进个人潜能实现中的作用，尽可能探索和总结出金融社会工作的干预路径。最后对2020年脱贫攻坚战完成之后我国减贫议程和金融社会工作进行展望。

第一节　特殊困难群体的金融脆弱性问题

在减贫研究和社会工作研究中，老年人、女性、青少年和残疾人是广受关注的特殊群体，理论界和实务界也已经对特殊困难群体投入了更多的关注。由于他们的社会地位相对弱势，政治参与能力不足，缺乏稳定的收入来源和劳动能力，无法跟上社会金融化的速率等，他们往往面临着更为深刻的"排斥"问题。而这种"排斥"表现在政治、经济、社会、文化、金融等各个方面，所以他们本身就具有更强的脆弱性。鉴于此，从金融反贫困的视角出发，研究者发现这些群体同样面临着更突出的金融脆弱性问题。

一、减贫治理中的特殊困难群体视角

（一）老年人贫困

一方面，得益于我国扶贫减贫力度的加大，老年贫困人口的数量呈下降趋势，然而老年贫困的发生率并没有下降。根据相关数据统计，按照我国最新的贫困发生标准线，2013 年老年人的贫困发生率约为 10%，高出其他群体 3 个百分点，若按照世界银行 3.10 美元/天的贫困发生标准来测量，2013 年中国老年贫困发生率为 20%，老年人贫困发生率相比其他群体高得多[①]。同时，老年人的贫困发生率还随着年龄的增长而升高，例如，60～65 岁的贫困发生率只有 7.6%，但 80 岁以上的贫困发生率则达到了 13.8%。此外，伴随

① 李实：《中国农村老年贫困：挑战与机遇》，《社会治理》2019 年第 6 期。

着中国经济社会的发展，人口老龄化已经成为社会发展的重要趋势之一，并构成今后较长一段时期我国的基本国情。据第七次全国人口普查主要数据显示，60 岁及以上人口为 26 402 万人，占 18.70%(其中，65 岁及以上人口为 19 064 万人，占 13.50%)，人口老龄化程度进一步加深[①]。理论上，老年贫困问题是社会工作领域密切关注的议题之一。老年贫困作为多种风险性、不确定性的集合体[②]，与老年人所处的一系列弱势的生存与生活环境息息相关。由于老年人身体衰老和社会劳动能力弱等诸多现实阻碍，他们难以通过自身的能力摆脱贫困，“贫、病、老”的三重羁绊、社会涉老保障体系的不完善、社会环境的排斥更是增加了老年人的致贫风险。

老年人群体贫困与青壮年群体贫困的不同在于，由于老年人劳动能力的限制和社会各方面的排斥，该群体和社会处于“脱节”的状态。从生命周期理论来看，老年人的消费需求远大于自身的生产能力，因此想要维系生活，只能依靠青壮年时期的资产积累、代际资源的传递或者国家的转移性支付，否则便会面临巨大的生存压力和贫困窘境。然而，随着中国家庭结构的变化，家庭供养资源减少、供养能力下降，社会集中养老体系也尚未完善，国家转移支付能力尚不充足[③]，老年人自身的资产储蓄和低水平的经济收入难以平衡高额的医疗费用，因此很容易陷入“因贫致病—因病致贫”的恶性

① 中华人民共和国民政部：《第七次全国人口普查结果公布 这些数据事关“老”话题》，(2021-5-12)[2022-10-22]，https://www.mca.gov.cn/n152/n166/c45021/content.html。

② Rowles G. D., Johansson H. K., “Persistent elderly poverty in rural Appalachia,” *Journal of Applied Gerontology*(12) 1993: 349-367.

③ 陈友华、苗国：《老年贫困与社会救助》，《山东社会科学》2015 年第 7 期。

循环圈中，窘困程度更为突出[①]。老年群体与残疾人、儿童群体较为类似，倘若陷入贫困，只有借助国家、社会与家庭的力量才能走出贫困，仅凭自身实力摆脱贫困比较艰难[②]。因此，加强老年人自身富有前瞻性、弹性和效率的资产积累是老年群体反贫困的重要渠道，也是金融社会工作的实践方向。

（二）女性贫困

1995 年，联合国开发计划署在发布的《人类发展报告》（以下简称《报告》）中明确指出，贫困体现出明显的社会性别差异是当今贫困现状的一个重要特征。《报告》中指出，在现有的贫困人口中，女性人口占比为 70%。无论是在发达国家还是在发展中国家，女性的贫困发生率比男性更高。我国“三农”信息网的统计数据显示，中国现有贫困人口中女性较男性所占比例更高。不论是城市还是农村，女性都面临着收入贫困、健康贫困、文化贫困、时间贫困、资产贫困和政治贫困等多重困扰。

造成女性贫困的原因是多方面的。在微观个人层面上，女性天生的生理结构决定了她们必须承担起生育责任，传统的多胎生育观念增加了女性的抚育成本、健康成本以及时间成本，女性被束缚在家庭之中，难以直接凭借自身的社会劳动获取资源。在社会性别结构和机制层面上，一方面，社会性别歧视观念根深蒂固，尤其是在发展落后的地区，落后的社会习俗和传统思想观念对性别角色有着明确的定位和分工，女童辍学的比例更高，女性文

① 杨立雄、郝玉玲：《农村老年人贫病交加问题研究》，《中国医疗保险》2016 第 11 期。
② 陈友华、苗国：《老年贫困与社会救助》，《山东社会科学》2015 年第 7 期。

化贫困现象突出；另一方面，劳动力市场设置的性别区隔引发女性就业歧视和就业困难，导致女性面临收入贫困。同时，国家和社会公共政策的性别盲视使女性在社会权利、社会保障和资源分配上处于相对弱势地位，女性在社会资本占有层面的模糊性使其处于较为脆弱的状态，也更容易陷入资产贫困。贫困的性别视角要求我们从不同维度来看待这些因素之间的相互影响和制约，以提升女性获取最基本收入的机会、资源和能力。鉴于此，从收入的增加到提升金融福祉的转换是目前女性减贫实践的重要课题。

（三）青少年贫困

在社会快速转型以及贫富差距扩大的背景下，我国青少年贫困现象日益受到关注。联合国最新数据显示，2019 年全球仍然有高达 13 亿人处于贫困状态，其中有 1/3 是 10 岁以下的儿童①。目前，我国最低生活保障以家庭为主要目标单位，而在青少年的教育、医疗等方面则难以兼顾②。青少年作为弱势群体，受自身年龄和劳动能力因素的限制，成长过程所需的各种资源主要靠家庭提供。因此，生活在贫困家庭中的青少年，在个人今后生活中面临生存和发展风险、陷入贫困的可能性更大。家庭的贫困，尤其是深度贫困，不仅难以给青少年提供良好的成长环境，也将对其学习、健康、生活等方面产生综合的负面影响③。虽然家庭资源在分配上会倾向于孩子，但是贫困家庭的青少年在吃、穿等方面的水平与经济条件较好的青少年相比明显更低；在教育资源方面，我国推行九年义务教育政策，减轻了贫困家庭的教育

① [印] 阿比吉特·班纳吉、[法] 埃斯特·迪弗洛：《贫穷的本质：我们为什么摆脱不了贫穷》，景芳，译，中信出版社，2018。

② 李敏：《中国城市贫困对青少年发展的影响》，《北京教育学院学报》2009 年第 6 期。

③ 陈友华、苗国：《老年贫困与社会救助》，《山东社会科学》2015 年第 7 期。

负担，降低了贫困青少年的辍学率。然而其他额外的教育成本对贫困家庭来说仍是重大的负担，使贫困青少年的教育水平普遍较低；在医疗方面，虽然贫困青少年的身体健康状况总体较好，但是贫困家庭的青少年通常都是低档就医，存在医疗保健机会的不平等，以及流动儿童被排斥在政策之外的情况[①]。贫困青少年的心理发展也会受贫困的影响，即由于家庭在经济以及社会资源等方面提供的支持有限，贫困家庭的青少年在社会交往方面也容易陷入困境，产生自卑、叛逆的情绪，甚至会出现一些心理问题。

由于教育、经济等方面的限制，贫困家庭中的青少年在自我实现方面也会碰到诸多障碍，甚至会陷入贫困的恶性循环[②]。青少年时期的贫困不利于他们教育、医疗以及今后发展机会的拓展[③]，而且人生早期的消极因素会逐渐造成贫困积累，从而形成代际“贫困陷阱”[④]。

（四）残疾人贫困

残疾人及其家庭是我国贫困人群的重要组成部分。由于残疾人在身心、教育以及就业能力等方面处于弱势，残疾人群体一直是贫困程度最深、扶持难度最大、返贫率最高的群体[⑤]。根据 2017 年中国残联印发的《贫困残疾人脱贫攻坚行动计划（2016—2020 年）》，我国农村持证的贫困残疾人仍有

---

① 孙莹：《贫困的传递与遏制：城市低保家庭第二代问题研究》，社会科学文献出版社，2005。

② Eugene M. Lewit, “Children in poverty,” *The future of Children* (3) 1993: 176 - 182.

③ 北京青少年研究所、北京青少年教育与发展研究中心：《青少年研究（2009 卷）》，北京理工大学出版社，2011。

④ 任远：《救助儿童与破解代际贫困》，《社会观察》2005 年第 3 期。

⑤ 李昌禹：《脱贫路上不掉队——中国残联助力残疾人脱贫攻坚综述》，《人民日报》2021 年 4 月 30 日第 11 版。

413.5万人，占被调查持证农村残疾人总数的50%①。对于残疾人来说，其面临的贫困风险不仅仅源于经济收入的匮乏，更大程度上来自身心障碍带来的额外发展成本（如在教育、就业、社会融入等方面更易陷入困境），进而使残疾人及其家庭在发展机会中处于被排斥的状态。残疾人在生计发展、家庭照顾以及社会参与等方面均面临着不同程度的困境。一方面，重病或残疾使得许多残疾人难以获得稳定的就业和收入，生计发展受到较大阻碍，家庭经济陷入困境；另一方面，贫困残疾人及其家庭在患者的照顾、康复以及经济社会参与等方面也举步维艰，身心残障及相关方面能力的丧失使得他们在自我实现及家庭发展方面要付出高昂的代价，因而在一定程度上加深了残疾与贫困之间的恶性循环，进而陷入长期贫困或贫困代际传递的陷阱。目前，国家已经为残疾人的救助和保障提供了政策支持，而且近年来社会工作机构也开始逐渐参与到残疾人的扶贫和生计发展项目中，残疾人的主体能动性得以增强，为残疾人金融扶贫的工作方法创新提供了新的方法和思路。

二、金融脆弱性视域下的特殊困难群体

金融脆弱性（Financial Vulnerability）最早源于明斯基从金融系统不稳定的角度提出的金融内在脆弱性（Financial Fragility）②，是指高负债经营的

① 中国残疾人联合会：《中国残联解读〈贫困残疾人脱贫攻坚行动计划（2016—2020年）〉》，(2017-09-06)[2022-10-16]，http://www.hrbcl.org.cn/contents/494/7337.html。

② Hyman Minsky, *Stabilizing an Unstable Economy*, New Haven: Yale University Press, 1986.

行业特点决定了金融业具有更容易失败的本性，这是狭义上的金融脆弱性。现在人们更多从广义的角度理解金融脆弱性，即一种趋于高风险的金融状态[①]。虽然目前金融脆弱性的概念还只是较多用于大型金融机构的风险评估中，但是这一概念也可用于对特殊困难群体和贫困家庭的金融风险评估中。当我们从金融脆弱性视角来审视特殊困难群体抵御未来资产损失和面临财务困难的可能性时，将会看到特殊群体贫困处境下内在的致贫原因，更有利于我们寻找持续、健康、长效的金融解决方案。

聚焦于未来的资产发展能力，而不是解决现在的财务经济危机，是金融脆弱性关注的重点。特殊困难群体与普通贫困群体不同，他们往往处于更为弱势的社会地位，缺乏获得社会资源和经济资源的能力，欠缺甚至已经丧失社会劳动能力，因而难以凭借自身能力脱离贫困。类似于青少年群体、老年人群体及残疾人群体，特殊困难群体一旦受到外部经济风险的打击，更容易陷入长期的“贫困陷阱”。鉴于此，加强对特殊困难群体的金融普及教育，寻求金融赋能新途径，帮助其开展长期有效的资产建设，对于增强特殊困难群体抵御贫困风险的能力，保障其生存和发展，过上有质量、有尊严的生活，以及促进个体潜能的挖掘都具有重要意义。目前，以金融赋能和资产建设相结合的理论和实践框架是金融社会工作反贫困的核心范式，金融社会工作在提高特殊群体的金融能力，改善金融环境方面进行了诸多实践探索。

① Hyman Minsky, *Stabilizing an Unstable Economy*, New Haven: Yale University Press, 1986.

第二节　对特殊群体的金融赋能、资产建设与金融教育

金融赋能、资产建设和金融教育是金融社会工作的核心理论概念，金融社会工作者们围绕这些概念进行了一系列推动特殊群体金融赋能或资产建设的相关实践，探索出了各种反贫困干预的范式。

一、金融赋能

金融赋能理论源于赋权理论，也被译为增权理论，主要包括无权、去权以及增权等概念①。去权指的是弱势群体失去应有权利的过程，亦即处于无权状态的原因②；无权是特殊困难群体无法掌控自身生活的状态。金融赋能的核心就是提高个体的金融能力，金融能力指的是个体的金融知识、技能与所能享有的金融服务与金融产品之间互促的一种状态③，金融能力一方面是指微观层面的个体金融素养与金融技能，另一方面是指宏观层面的普惠金融机会④。既具备基础的金融知识和技能，同时又拥有符合个体需求的金融产品与服务，是金融能力得以成立的条件所在。然而，当我们从内在能力和

① 吴媚、郭占锋：《城镇化进程中古村落旅游社区发展的"去权"与"增权"——以陕西省韩城市Y村为例》，《华中农业大学学报(社会科学版)》2017年第1期。

② 黄昂：《增权理论视角下商丘市金融精准扶贫模式研究》，硕士学位论文，河南大学，2017。

③ 黄进、玛格丽特·谢若登、邹莉：《普惠金融与金融能力：美国社会工作的大挑战》，《中国社会工作》2018年第28期。

④ 方舒、兰思汗：《金融赋能与资产建设——金融社会工作教育、研究与实务国际研讨会综述》，《开发研究》2019年第2期。

外在条件来评估个体尤其是特殊困难群体的金融状况时，我们发现其正面临着金融能力不足以及金融环境包容性差的主客观双重困境。对于老年人、女性、青少年和残疾人等特殊困难群体来说，其金融能力的发展远无法跟上整体社会的金融化速率，加之其长期处于缺乏经济收入、生计发展能力和原始资产积累的境地，导致他们在金融生活中平等享有权利变得遥不可及，甚至无法实现一些正常的社会生活价值，加上在上述基础上发展起来的扶贫工作又十分脆弱，最终影响长期金融福祉的实现。

金融社会工作就是通过链接金融系统和金融服务的资源，把人们日常所需的金融服务与社会工作的专业内容进行有机结合，增强个体处理日常生活与金融环境关系的金融能力，进而增进服务对象的金融福祉。而金融排斥是特殊困难群体实现金融赋能的重要阻碍，从定义上看即指"社会弱势群体自身没有能力进入金融服务体系，缺少足够的方式和途径接近金融机构，在享有金融产品和服务方面存在很大的困难和障碍"①。个体金融知识和金融素养的欠缺、金融机构服务系统的高门槛，以及个人、制度和环境之间的相互作用，是导致特殊困难群体处于金融排斥境地的主要原因。

鉴于此，金融社会工作要兼顾个体能力和社会环境，目前主要是从个人和社区两个层面进行介入。在个人层面主要是为社区中的金融脆弱人群和中低收入家庭传授金融方面的知识和技巧，以及提供金融教育和咨询服务②，帮助其提高金融管理和应对金融风险的能力，从而达到金融赋权的目

① 方舒、兰思汗：《金融赋能与资产建设——金融社会工作教育、研究与实务国际研讨会综述》，《开发研究》2019 年第 2 期。

② 方舒、刘世雄：《互联网社会与青少年金融赋能实务研究》，《中国社会工作》2019 第 1 期。

的；在社区层面，主要通过政策倡导和社会资源链接方式为金融脆弱人群提供普惠金融服务，从社区服务层面增强金融产品的可及性，改善特殊困难群体所处的金融社会环境和政策，提高其金融权能和抵御未来财务风险的能力。

二、资产建设

美国经济学家迈克尔·谢若登在其所著的《资产与穷人：一项新的美国福利政策》一书中最早提出了资产建设理论。资产建设理论强调，不论是否拥有资产的原始积累，每个个体都拥有公平的资产积累的权利。谢若登将资产和收入看成两种不同的金融资源，认为传统的社会救助政策往往注重增加受助者的收入，可一旦受到外部的风险打击时，其收入链往往表现得十分脆弱，所以这种收入型的救助和福利只能维持短期的日常消费和生活，无法形成未来的资产积累和长效的福利效应，更无法帮助身处窘境的贫困群体摆脱"贫困陷阱"。因此，以增加收入救助为主的传统福利政策理念应该向以资产积累为基础的救助理念转变，尤其是针对特殊困难群体的救助政策应该是收入型救助和资产建设并重。对于特殊困难群体而言，由于他们处于较为弱势的社会地位，要依靠自身能力建立属于自己的资产甚是艰难，需要政府有组织地为其资产积累和投资提供引导和帮助，改变和扭转个人的金融消费偏好，以政府为主导，形成塑造其消费模式和资产积累的制度性政策。

在资产建设理论提出之后，许多国家和地区开始将资产建设理论运用于社会保障体系中，比较典型的资产建设实践有美国的"个人资产账户"示范工程、新加坡中央公积金制度、英国“儿童信托基金”。美国的“个人资产账户”示范工程是由美国联邦政府发起的涵盖医疗、教育、就业等多个领域的宏大工程；新加坡中央公积金制度是一种综合性的居民储蓄制度，主要涵盖了住房和养老领域，是资产建设和社会养老保障体系结合的经验模板；英国“儿童信托基金”是针对贫困儿童设立的，专门为儿童的未来教育和长期发展建立儿童的个人发展账户。这些实践开始为社会公众尤其是贫困群体构建长期发展的资产和养老储蓄做出了理论和路径探索。发达国家的资产建设实践也证明了此理论的积极效应。谢若登根据资产自身的特性总结出了一套资产的福利效应理论，他认为资产具有包括促进家庭稳定、创造未来取向、刺激人力或其他资产的发展、促进专门化与专业化、提供承担风险的基础、增强个体效能、提高社会影响、增强政治参与和增加后代福利等在内的九个方面的效应①。

目前国内针对困难群体的金融社会工作也有突破性实践尝试，如陕西省针对贫困儿童进行的“儿童发展账户”项目和残疾人的社区发展基金项目，这些实践不仅对改变特殊贫困群体的账户储蓄积累、未来资产管理、未来生活态度和行为模式有着积极的效果，同时还创新性地融入了家庭代际互动和人际关系等因素，增强了个体处理自身日常生活和金融环境的能力。在金融能力和资产建设的理论框架中重塑特殊困难群体的生活及其与社会之间的关系，在资产建设的实践过程中发掘个体的金融潜能，提升其金融福祉，是金融社会工作者和政府需要致力探索的关键。

① 栾卉：《新加坡中央公积金制度及借鉴——基于资产建设理论的探讨》，《天水行政学院学报》2010 年第 3 期。

三、金融教育

金融教育主要包括金融基础知识教育、金融风险意识教育以及金融消费者权益保护知识教育三个方面的内容。全面的金融教育不应该仅仅面向投资者，更为重要的是还应该对国民开展普及性的金融知识教育①，所以不仅要包括金融市场的投资知识，如股票、债券、基金等金融产品，还应重视与所有群体生活密切相关的理财知识，如消费管理、家庭预算、储蓄、养老金规划等诸多方面的基本常识②。由于个体的财产认知态度和消费行为模式与未来的资产建设有着深刻的内在关联，特殊困难群体长期处于传统金融环境的排斥下，往往缺乏基本的金融知识和金融风险意识，难以运用金融和资产为自己的未来进行风险加持，因此通过金融教育提升特殊困难群体的金融能力十分必要。普及金融教育是提高特殊困难群体金融素养和金融能力的基础所在，有针对性的金融教育能够增加其金融知识，进而改变个人和家庭的财务管理方式，增强其对掌控未来财务的信心。

发达国家针对普通民众开展金融教育实践的时间较早，主要形成了以下几个方面的经验：(1) 将金融教育纳入学校的教育体系之中，非常重视针对青少年的金融知识普及工作。比如，英国在 2008 年将个人理财知识教育纳入全英《国民教育教学大纲》中，日本则是分年级、分阶段地将金融知识融入学生的课程之中，帮助青少年树立正确的消费观和理财观。(2) 设立相关

① 刘丹、丁赛、覃若曦、陈菊花：《金融素养、金融教育与金融发展》，《科教导刊(中旬刊)》2014 年第 4 期。

② 俞姗：《大学生金融行为及其对金融教育的启示——基于 F 大学的调查与中美校际比较》，《福建师范大学学报(哲学社会科学版)》2009 年第 4 期。

的金融教育平台和服务中心，为不同群体提供相应的金融信息和服务。比如，美国颁布了《金融知识与教育促进法》，并据此成立了金融知识与教育委员会[①]，对金融教育工作进行战略部署和阶段性评估等[②]。澳大利亚政府在2004年成立了国家金融消费者教育工作组，将为金融消费者提供金融扫盲课程和即时的金融市场信息作为主要职责[③]。(3) 营造良好积极的金融教育社会氛围。比如，美国在2004年设立了“金融扫盲月”，将每年的四月定为官方的“金融扫盲月”，并且针对不同社会群体定制和分发公开、可信、权威的金融教育读物，在社区层面建立“金融扫盲队”，向社区居民普及金融教育知识。从以上经验做法中可以看出，不少发达国家从社会和国家层面重视国民的金融普及教育。实际上，我国在针对特殊困难群体开展金融教育方面也有很多实践。例如，2008年中国金融教育发展基金会启动了“金惠工程”项目，该项目致力于为我国农村尤其是中西部农村进行金融知识普及与培训[④]，显著改善了我国农村的金融环境，提高了农村困难群体的金融可及性，是我国扶贫工作的重要助力。与此同时，我国的金融社会工作实践也开始以金融教育为切入点，通过小组工作和社区工作方法为不同群体提供相应的普及性金融知识。因而，以金融社会工作为主体开展的金融教育在工作方式、服务理念和内容方面都有特殊的优势。

① 董玉峰、路振家：《金融普及教育存在的问题、国际借鉴及对策》，《金融理论与教学》2016年第1期。
② 柴文梁、王文超：《国外金融教育及其有效性评估对我国金融教育的启示》，《行政与法》2018年第10期。
③ 刘丹、丁赛、覃若曦、陈菊花：《金融素养、金融教育与金融发展》，载《科教导刊(中旬刊)》2014年第4期。
④ 中国金融教育发展基金会：《“金惠工程”取得重要进展》，(2014－04－01)[2022－10－16]，http://cfdfe.org/content/340。

第三节　增进特殊群体的金融福祉

一、贫困老年群体金融服务

社会老龄化已经成为我国经济社会发展的重要趋势。其中，贫困老年群体是我国贫困治理过程中的重要攻坚对象。由于老年人身体机能下降，社会劳动能力逐渐丧失，难以维持生计。如果疾病缠身便更容易陷入贫困境地，只能通过家庭和社会的支持改善生活质量。因此，对于贫困老年群体的金融反贫困干预议题的讨论迫在眉睫。

我国在很长的历史时期里都是采用传统的家庭养老模式，即所谓的"养儿防老"模式。然而随着生育政策、经济结构转型和养老观念的改变，传统的家庭养老模式正在受到冲击和挑战，国家和政府被要求承担更多的责任。2003 年，我国出台了《关于建立新型农村合作医疗制度的意见》，所有公民均被纳入社会保障体制之中，并对农村老年群体的卫生医疗提供了重要的保障；2010 年出台的《农村五保供养服务机构管理办法》在 2006 年的基础上进行强化，其中一个重要方面就是加强了养老福利供给。2014 年，国家出台了《国务院关于建立统一的城乡居民基本养老保险制度的意见》，旨在消除基本养老福利方面的城乡二元分化，这些涉及养老福利的政策文件完善了我国对于老年人群体在基础医疗、养老等方面的制度性保障。

在国家主导的养老保障体系之外，社区、非营利组织、社会工作组织作为多元的社会主体也参与到老年人群体的反贫困工作中。为老年人提供超前的资产建设是目前金融反贫困的主要思路，个人储蓄加政府配比的个人发展账户是服务范围较为广泛的方式。我国虽然有名义上的个人养老账户，但是账户内的资金是个人按一定比例上缴之后由国家统一管理的，因而账户资金缺乏灵活性，也不具备资产积累的功能，所以建立一个拥有金融特质的个人发展账户是当务之急。香港特别行政区的“强制公积金制”就是典型的资产建设实践，该“公积金”是建立在完全积累的个人账户基础上的，和传统意义上的政府缴纳的公积金有很大的区别：居民在退休之后领取的养老金数额不是固定的，而是根据原有“强制公积金”账户上的资金进行配发，“强制公积金”所进行的市场投资主体多样且相对灵活。这种个人账户的建立是推进资产建设和老年人社会保障体系结合的重要尝试。

小额保险是与资产建设关联最为密切的配套策略，由于中低收入的老年群体面临着经济风险、健康风险等，是最需要保险以抵御风险的群体。但是政府提供的保险服务只涵盖最基本的范围，市场上的商业保险产品又与其需求存在巨大的鸿沟，小额保险的优势就得以体现出来。小额保险以低收入人群为主要服务对象，可根据人群特征和具体需要为特定人群定制最适合的方案和产品，并通过与多方合作设定最低的产品价格，定期调整产品设计方案，并在后期提供综合性服务①。小额保险和资产建设的双重配套发展能够使资产建设发挥真正的储蓄和积累作用，也为老年人反贫困问题提供了新的解决方案。

二、女性群体金融服务

联合国的调查数据显示，女性相比男性而言更容易陷入贫困，并且女性

① 方舒、兰思汗：《金融赋能与资产建设——金融社会工作教育、研究与实务国际研讨会综述》，《开发研究》2019 年第 2 期。

贫困容易对家庭下一代的营养状况和个人发展产生影响。国内外学者的研究将女性贫困成因归结为缺少资本、能力不足以及传统分工等方面，其中缺少经济独立性是女性难以脱贫的主要原因①。因此，国内外开始探索各种通过医疗保障、资金扶持、小额信贷等方式开展女性金融扶贫的模式，其中小额信贷的实践效果最为明显，以下就针对女性群体的金融反贫困干预实践进行介绍。

"印度母亲安全计划"是印度自2008年开始实行的一项全国性的救助政策，该项政策的救助对象是19岁以上的贫困家庭孕妇及其新生儿，以国家政府的公共支出和非政府组织提供的资金援助为资金来源。印度母亲安全计划的一个核心救助原则就是对受助者提供有条件的救助，获得救助的条件是孕妇必须提前进行注册并且接受三次产前检查，这一救助政策的实施提升了印度贫困女性的医疗水平，提高了社会公众对于女性生育健康方面的关注，降低了贫困女性因分娩导致的死亡和疾病率。高频率的产前检查也为新生儿的疾病做了筛查，增强了新生儿的身体素质，并为其提供了有效的卫生医疗渠道，降低了贫困女性获取医疗卫生照顾的成本。

"巴基斯坦·贝布托收入计划"是2008年由巴基斯坦人民党提出的一项扶贫计划，该项扶贫计划的资金接收人指定为家庭中的成年已婚女性。该计划包括长期和短期两个阶段，短期的扶贫计划是通过定期提供现金资助以帮助贫困家庭维持日常的消费开支，主要是为了降低贫困家庭受生活必需品价格波动的影响。受助的贫困家庭是由巴基斯坦国家信息注册机构根

① 李翔：《宁夏盐池模式对菏泽农村妇女发展的启示——基于惠民小额信贷扶贫的视角》，《菏泽学院学报》2015年第4期。

据贫困统计局的调查而确定的，确定贫困家庭的标准是家庭月收入低于6 000卢比（大约67美元）。短期计划规定，每月1 000卢比的定期救助资金将通过各种途径分发到贫困家庭的成年女性手中[①]，因为女性被认为能够更好地利用这笔资金用于家庭成员营养的改善和生活质量的提高。该项目的核心是将救助资金分发到女性手中，一方面能够提高女性在家庭中的经济地位和家庭决策话语权，另一方面提高了政府提供给贫困家庭救助资金的利用率，这一项目可以说是对女性进行金融赋权的尝试性实践。

对女性进行直接的经济资助不失为一种实践探索，但其中也暴露了一系列问题。传统家庭的女性地位不能够保障救助资金的真正使用权，救助资金往往被家庭中的男性以女性没有银行账户等理由进行索取，因此这项救助计划的初衷实际上难以实现。由此可见，要真正实现对女性的金融赋权，仅从经济方面提供支持是无法完成的，必须从家庭分工、女性地位、社会观念等多方面入手。

“孟加拉国微型金融借贷计划”也就是著名的格莱珉银行，是目前被全球各大国际组织所认可的规模最大也是最成功的扶贫计划，该项目的主要救助和服务对象是贫困女性。格莱珉银行通过向这些贫困女性提供几十美元甚至几美元的小额贷款，使其能够开展最原始的家庭手工业生产和销售，逐渐帮助这些贫困家庭获得较稳定的经济收入来源。格莱珉银行项目以“使千千万万的贫困农户及贫困妇女直接获得持续稳定的生产经营贷款，走上自我生存和发展的道路”为宗旨，以选取女性受助人作为项目的运行核

① 向文华：《扎尔达里时期巴基斯坦人民党执政实践评价》，《当代世界社会主义问题》2014年第3期。

心。格莱珉银行独创了小组责任制度，以 5 人组成一个小组，每 6 到 8 个小组组成一个中心[①]，并选举中心主任，以每周召开中心会议的方式检查资金的落实和使用情况，集中讨论和解决资金使用过程中的生产问题，并且督促每个成员返还部分贷款。这种以熟人社会的人际关系来督促还款的放贷模式的违约率极低，成功填补了贫困人群对于正规贷款的服务空白，同时女性通过家庭手工业生产获得了稳定的经济来源，不仅为家庭提供了经济收入，更重要的是彰显了女性自身的社会劳动能力和个人价值，她们的家庭和社会地位也随之上升，这种为女性进行金融赋权的模式被近 100 个国家和地区引入和借鉴。

中国针对女性的金融反贫困实践也有很多，女性在扶贫过程中的潜力逐渐被发现和重视，早在《国家八七扶贫攻坚计划》中就明确指出要“动员贫困地区妇女积极参与脱贫行动”[②]，针对女性的扶贫政策和措施也随之制定，如“春蕾计划”“母亲水窖”“阳光工程”等，通过技能培训、小额贷款和引导劳务输出的方式帮助农村女性摆脱贫困。这些项目的共同点是都将女性放在了减贫的中心。其中，宁夏盐池妇女创业小额信贷是开始时间最早也较为成功的实践案例。宁夏盐池妇女创业小额信贷是在孟加拉国格莱珉银行的模式基础上建立的“村民联保无抵押贷款模式”，村民按照自愿、信任、平等的原则，由 4～7 人组成联保小组，以一个村为单位，代表若干个联保小组向公司申请担保贷款，贷款金额等级视小组的整体信誉度而定，分为 5 000 元、20 000 元、50 000 元，期限为 12 个月，年总利率为 15.8%。提供一笔小额贷

① 贾庆林：《国外两种典型小额信贷模式的比较分析》，《特区经济》2010 年第 10 期。

② 中华人民共和国国务院新闻办公室：《中国的农村扶贫开发》，(2005－05－26)[2022－10－16]，http://www.gov.cn/zhengce/2005－05/26/content_2615719.htm。

款的资金固然重要，但是通过资金的运转提升贫困女性的自我发展和生活质量更为重要。宁夏盐池这种信贷模式通过有偿资金使用反向刺激了农村女性学习金融知识，培养了农村妇女的现代金融意识，使她们的经济得以独立，家庭地位得以提升。

除了提供贷款等金融服务，宁夏盐池惠民小额信贷有限公司还将其收入的 50％用于农村妇女培训和文娱活动，公司根据妇女的需求安排了众多集体活动，并提供必要的设施①。通过定期举办培训和社区活动，更多的农村女性开始接触社会，贫困女性的社会人际关系得以拓展，增强了贫困女性的自信心和对个人价值的认可。盐池模式的实践证明，小额信贷模式不仅使农村妇女家庭地位、经济独立性得到提升，妇女可支配的资源数量以及在家庭中的话语权也得以提高。据统计，在参与小额信贷的妇女中，约有 75％的妇女认为自己在家庭中的地位得到提升，家庭关系更加和睦。通过参加社区活动和培训，妇女自身的素质和创业能力得以提高，实现了可持续发展②。

三、青少年金融服务

青少年贫困常常伴随着贫困的代际传递，解决贫困代际传递的重要战略就是要对青少年群体进行反贫困干预。青少年时期的贫困不仅体现在经济的拮据对青少年身心方面的影响上，更为重要的是，青少年早期的贫困状

① 李翔：《宁夏盐池模式对菏泽农村妇女发展的启示——基于惠民小额信贷扶贫的视角》，《菏泽学院学报》2015 年第 4 期。
② 李翔：《宁夏盐池模式对菏泽农村妇女发展的启示——基于惠民小额信贷扶贫的视角》，《菏泽学院学报》2015 年第 4 期。

况会产生积累性不平等效应，对个体的未来发展和社会分层产生消极影响①。尽管我国的精准扶贫对于消除贫困已经有了重大突破，但是目前的扶贫政策和实践在针对青少年和儿童的福利问题上还存在一定程度的分离，面向青少年的医疗保障、教育资助、心理关爱等方面的措施还比较零碎，没有构成一个成体系的政策系统。自从迈克尔·谢若登提出资产建设理论之后，以资本为导向和基础的社会政策理论开启了青少年反贫困干预的新篇章，世界各国开始将资产建设和贫困的跨代干预进行有意义的结合，除了完善对青少年医疗、教育等基础的社会保障之外，开始更加重视贫困青少年的未来发展能力，以削弱早期的贫困经历带来的消极影响，增强个体和家庭抵御风险的能力，激发青少年的未来发展潜能，帮助他们实现更好的社会流动。

儿童发展账户项目是在资产建设理论的影响下而形成的一项青少年反贫困干预模式，已经在全世界多个国家和地区进行了实践探索。儿童发展账户是专门针对儿童和青少年的长期发展而设立的储蓄或者投资账户，各国根据本国的实际来制定儿童发展账户中的具体内容，通过政府补贴和个人储蓄相结合的方式对儿童发展账户进行建设，账户中的资金有多种用途，如支付青少年的大学费用、创业者购买房产等，而不用于青少年和家庭的日常开支。相关实践和学者的研究表明，儿童发展账户项目对于个体发展和家庭的社会融入都有积极的影响。国际上的儿童发展账户项目运行比国内

① Duncan G. J. , Yeung W. J. , Brooks-Gunn J. , et al, “How much does childhood poverty affect the life chances of children?” *American Sociological Review* 63(1998): 406 - 423.

要早，各个国家的儿童发展账户项目运行模式也有所不同。新加坡是较早将资产建设政策与社会保障体系结合起来的国家，因为基于资产的政策是新加坡社会发展的中流砥柱，并且发展出了“从摇篮到坟墓”的资产建设政策，其中针对青少年反贫困的儿童发展账户包含在中央公积金账户的不同阶段：为 7～20 岁的儿童青少年设立中等教育账户，以为他们的未来教育准备资金；完成教育后，账户内剩下的资金将会转入中央公积金账户，并且跟随账户所有者直至退休。美国的儿童资产政策和英国的儿童信托基金的模式大致相同，都是政府首先出资启动账户，鼓励父母将家庭资金配置的一部分投入儿童发展账户，帮助儿童和青少年在未来的发展中拥有更好的财务选择。加拿大的儿童发展账户主要针对青少年教育进行储蓄，账户资金由加拿大教育储蓄补助金和加拿大学习债券投资，只能用于高中后的教育，否则将返还加拿大政府。这些发达国家的儿童发展账户的实践对于当前青少年反贫困和社会福利体系等具有较大的启示意义。

中国的青少年反贫困实践除了包含国家社会保障体系在内的政策，还结合发达国家的实践经验创新了青少年福利实践方式。例如，陕西省西安市创立了儿童发展账户项目，与政府提供启动资金创立账户不同，该项目的对象不是普通的青少年和儿童，而是家庭中有残障成员或者自己本身有残障的青少年和儿童，项目由当地的社会工作机构和儿童康复中心实施开展，并要求参加的家庭为孩子设立为期 6 个月的儿童发展账户，家庭在得到初始的 1 500 元种子基金之后，机构会为其提供每个月 500 元的固定配款和 700～1 000 元的额外奖励，奖励金的多少根据参与家庭的资产投资水平而定。除了家长投入的现金储蓄外，资产投资还包括参与课程和康复训练这两项旨在增加青少年和家长之间的互动与沟通的资产投资，这不仅对于代际关系有着显著的改善作用，项目结束之后账户中的资金还可以在社会工作者的帮助下取出，用于康复、辅助支具、家居改造以及教育四类用途。通过实践，该项目不仅给青少年和家庭树立了积累资产的家庭观念，同时也体现了以合作生产为特点的发展性社会服务模式，调动了资产积累、社会工作者、代际互动等多重因素；不仅回应了青少年的反贫困议题，同时也回应了贫困青少年所处的家庭的发展需求，将家庭的发展潜力嵌入青少年的未来发展中，将儿童发展账户转变为有效的中介机制。除了以资产建设为目标的金融社会工作外，金融社会工作还从金融教育层面介入。例如，北京市昌平区低收入青少年的金融教育项目通过开设金融知识课程、帮助青少年规划金融与职业生涯、开设跳蚤市场等方式，提升青少年的金融能力，激发其对未来发展的信心和动力，为青少年的金融社会化过程提供支持。

四、残疾人金融服务

根据我国残疾人联合会的数据统计，“十三五”时期，我国残疾人数量超过 8 500 万，国家建档立卡贫困残疾人有 710 多万人。残疾人和残疾人家庭是我国贫困人群的重要组成部分，根据中国残联等《贫困残疾人脱贫攻坚行动计划(2016—2020 年)》[①]，我国农村持证贫困残疾人仍有 413.5 万人，其中残疾是导致其贫困的主要因素。缺乏稳定的经济收入来源固然是贫困残疾

① 中国残联、中组部、中宣部、国家发展改革委、国务院扶贫办，等：《贫困残疾人脱贫攻坚行动计划(2016—2020 年)》，2016。

人致贫的原因之一，但是由身心障碍带来的额外发展成本，包括如教育、就业、社会融入等方面的困难，是该群体在发展机会方面处于被排斥境地的更主要原因。

我国有关残疾人群体的反贫困干预政策和措施的制定由来已久。自中华人民共和国成立以来到1985年，我国对于残疾人的救助主要以非正式的经济救助为主。1986年成立国务院扶贫开发小组，1988年成立残疾人联合会，至此，对残疾人的扶贫事业进入了正式化和制度化的阶段，从救济式扶贫向开发性扶贫和发展性扶贫转变，残疾人在最低生活保障、医疗、教育、就业方面的制度保障得以完善。残疾人专项资金和康复扶贫贷款金融扶贫得以确立，扶贫的主体也从政府主导过渡到多种社会力量共同参与，加上金融社会工作者在残疾人金融反贫困领域也在不断探索和尝试，都为我国残疾人反贫困提供了新的实践方向。

以经济赋能与社区融合的发展性社会工作视角对残疾人扶贫进行干预，是我国金融社会工作的新方向。邓锁以陕西省白水县的残疾人扶贫实践为案例，通过对残疾人进行金融赋能，在此基础上建立残疾人互助基金会，将金融赋能和社区赋能结合起来，并将残疾人的生计发展嵌入其生活的社区关系网络之中，为残疾人未来的生计发展提供基础和内生动力[①]。该项目于2009年启动，借鉴社区发展基金的小额贷款模式为社区内的残疾人提供贷款支持，以让残疾人获得基本的生存技能和能力为主要目标，通过小额贷款解决创业的资金周转问题，减少残疾人在生计发展上的金融限制和排

① 邓锁：《经济赋能与社区融合——以一个西部地区的反贫困实践为例》，《中国农业大学学报（社会科学版）》2019年第1期。

斥。在项目前期，社区互助基金不仅为残疾人提供救急和创业两种贷款，还有针对性地为其提供基本的职业技能培训和创业指导及咨询服务。在社区互助基金的基础上，又在社区层面成立了由残疾人互助社自行组织和管理的融合发展中心，其不仅为残疾人提供贷款服务，还通过链接其他社会部门和主体为社区中的残疾人群体争取社会资源，并参与到社区的建设和发展中，彰显了残疾人的管理能力和为社区做贡献的能力，提高了残疾人对社区事务的参与热情，也增加了与其他社区成员的社会互动和联系，帮助残疾人群体获得社区的承认和肯定。

陕西省白水县的残疾人金融赋能和社区融合的反贫困实践是发展性金融社会工作的实践尝试。虽然小额贷款的反贫困模式已经存在，但是专门针对残疾人的项目却并不多见，尤其是将残疾人的经济发展能力与整个社区的发展结合起来的实践。在实践过程中，重视社会服务机构的发展支持，同时也为金融社会工作参与反贫困实践提供了重要的切入点和积极的启示。

第四节　金融社会工作与 2020 年后的减贫议程

一、2020 年后的减贫形势

2021 年 2 月 25 日，全国脱贫攻坚总结表彰大会召开，习近平总书记庄严宣告我国如期实现了现行标准下近 1 亿农村贫困人口脱贫，832 个贫困县全部摘帽的目标，历史性解决了困扰中华民族几千年的绝对贫困问题，标志着我国已经全面消除绝对贫困，人民生产生活水平迈上一个新的台阶，但是这并不意味着贫困问题在我国就完全消失了。从理论上来讲，贫困问题是伴随着人类社会的产生出现的，与人类社会分化和分层有关。因此，只要人类社会依然存在社会分化和分层，贫困问题就永远都不会终结，只是伴随着我国经济社会发展水平和贫困的有效治理而发生了新的变化。中国的贫困问题由历史原因、自然原因和制度性原因等多重因素作用形成，因而这不仅仅是一个纯粹的经济问题，而是在特定的自然和历史环境下生成的政治经济过程，而且是处在动态变化和反复塑造之下的。目前已经完全脱贫的绝对贫困人口可能随着国家经济发展的波动和不同时期的绝对贫困标准线的调整而发生返贫。因此，如果没有长期有效的扶贫治理，社会保障制度一旦没有完全覆盖弱势群体，就可能产生绝对贫困人口返贫的问题①。所以，在打赢脱贫攻坚战的同时，我们要审慎看待2020年之后我国的贫困问题并没有消失，而是以新的形式和新的特点出现这一现实，我国的反贫困治理也已经进入了一个新的阶段。

随着长期困扰中国的原发性绝对贫困的消失，贫困将进入一个以转型性的次生贫困和相对贫困为特点的新阶段，届时转型贫困群体和潜在贫困群体将成为扶贫工作新的目标群体，并呈现出新的特征。在贫困人口构成中，相对贫困人口将成为新的主体部分，而城乡收入差距扩大、不同区域间发展不平衡、自身能力素质偏低以及失业、因灾、因病等是使其陷入贫困的原因所在。随着城镇化的推进，生活在城市中的相对贫困人口规模呈不断

① 李小云、许汉泽：《2020年后扶贫工作的若干思考》，《国家行政学院学报》2018年第1期。

扩大态势。因此，在关照相对贫困人口、重视农村相对贫困人口的同时，更要重视城镇的相对贫困人口。研究表明，并非缺乏劳动能力，而是丧失就业权或者缺乏新的就业机会，构成了城镇相对贫困人口陷入贫困的主要原因[①]。与此同时，农民工也可能成为新的城镇贫困群体。当前我国贫困性质和特点已经发生了根本性变化，这种变化以由绝对贫困向相对贫困转变，由生存性贫困向发展性贫困转变，由物质性贫困向精神性贫困转变，由单一收入贫困向多维贫困转变为主要表现[②]。由农村空心化和老龄化导致的贫困也将成为新的贫困问题。因此，2020 年后中国的反贫困任务依然很艰巨，这意味着政府和全社会在反贫困方面不能松懈，依然需要全力建立应对相对贫困的长效机制[③]。

从实践来看，国家在帮助特殊困难群体反贫困方面进行了制度层面上的有益尝试：针对贫困老年人，国家坚持维护老年人的权利，保障其实现老有所养、病有所医；针对贫困妇女，国家从医疗、家庭、社会等方面多措并举，保障贫困妇女的健康权，还通过设立相关的法律法规维护其受教育权和就业权；针对儿童与青少年，国家在维护其受教育权的同时，也关注其心理健康，如在由国家健康卫生委等多主体联合制定的《健康中国行动——儿童青少年心理健康行动方案（2019—2022 年）》中提出，要形成学校、社区、家庭、媒体、医疗卫生机构等联动的心理健康服务模式，积极落实儿童青少年心理

---

① 周仲高：《我国贫困人口变动与反贫困战略转型》，《西部学刊》2013 年第 9 期。

② 李雕、赵国友：《论相对贫困的绿色治理——基于“问题-过程-目标”的分析框架》，《长白学刊》2021 年第 6 期。

③ 胡联、姚绍群、宋啸天：《中国弱相对贫困的评估及对 2020 年后减贫战略的启示》，《中国农村经济》2021 年第 1 期。

行为问题和精神障碍的预防干预措施，加强对重点人群的心理疏导，增进儿童青少年健康福祉[①]；针对残疾人，自党的十八大以来，党中央、国务院高度重视残疾人权益保障工作，加强残疾人权益法治保障，残疾人权益保障机制不断完善，残疾人平等权利得到更好维护。目前，我国已形成以《中华人民共和国宪法》为核心，以《中华人民共和国残疾人保障法》为主干，以《残疾预防和残疾人康复条例》《残疾人教育条例》《残疾人就业条例》《无障碍环境建设条例》等为重要支撑的残疾人权益保障法律法规体系[②]。以上尝试均体现出国家在尊重、维护、保障这些特殊困难群体生存、生活以及发展方面的决心和努力。

二、金融社会工作的回应

我国社会工作在反贫困领域不断探索实践，并日益发挥着重要的作用。其中，金融社会工作与金融能力和资产建设的概念就是对我国创新扶贫机制的积极回应。金融赋能和资产建设的理论框架是目前公认的反贫困范式。提高金融能力是目前金融社会工作的核心目标之一，为了达成这一目标，金融社会工作主要从提升个体能力和改善金融机会环境两个方面努力。在提升个体能力方面，金融社会工作利用社会工作专业方法的优势，并且始终围绕个体（所需）与环境（所有）的系统论视野，特别注重特殊困难群体的

① 国家疾病预防控制局：《关于印发〈健康中国行动——儿童青少年心理健康行动方案（2019—2022 年）〉的通知》，(2019－12－26)[2022－10－22]，http://www.nhc.gov.cn/jkj/tggg1/201912/6c810a8141374adfb3a16a6d919c0dd7.shtml。

② 人民政协网：《非凡十年 残疾人共享幸福美好生活——党的十八大以来我国残疾人事业发展成就》，(2022－10－13)[2022－10－22]，https://www.rmzxb.com.cn/c/2022－10－13/3218987.shtml。

基本生计，为其普及金融知识以及提供金融服务，将社会工作专业的内容与提供特殊困难群体所需的金融服务进行有机结合，以提高个人金融能力为切口，提升其处理日常生活和金融环境之间关系的能力。同时还将特殊困难群体的金融需求反馈给金融机构，以帮助金融市场设计和创新针对特殊困难群体的金融产品和服务，弥合金融需求和产品供给之间的鸿沟，提升金融社会环境的包容性。

资产建设是金融社会工作的理论发端，也是目前金融社会工作的主要实践方向。通过创建个人发展账户、儿童发展账户、残疾人社区发展基金等方式为特殊困难群体提供了资产积累的可行方案，不仅为其未来提供了稳定的保障和发展资金，同时也培养了特殊困难群体的财务管理和资产积累意识，使个体的金融潜能在资产建设实践过程中被逐渐激发和挖掘。以资产为基础的政策将成为大规模的公共产品，并且掀起一场全球范围内的政策革命[①]，如何提升资产建设政策的包容性，将特殊困难群体在内的每一个人都包含进来，是目前资产建设实践的一个重要挑战。金融社会工作凭借自身的专业理念和实践干预，既为普惠性资产建设政策所无法覆盖的群体提供了重要的补充服务，也对特殊群体的金融需求作出了积极回应。

① 迈克尔·谢若登：《美国及世界各地的资产建设》，《山东大学学报（哲学社会科学版）》2005年第1期。

第八章　桐县"南庄"的金融下乡实践案例[①]

从上述章节中我们可以了解到，政府、非政府组织、社区等主体都可以成为金融反贫困实践的参与者，且表现出多样性特征。在中国乡村，"金融下乡"不仅成为脱贫攻坚战中的有益经验，亦是当前乡村振兴战略的重要策略。由此，结合案例深入分析金融下乡实践具有重要的现实意义。本章是以金融下乡研究系谱为基础，尝试用特定国家与社会关系形态所形塑的乡村产业和乡村金融的共生发展实践逻辑知识框架阐释金融下乡的实践逻辑，以期揭示背后的"隐秘维度"。

第一节　金融下乡研究系谱与中国农村金融实践逻辑

发展农村普惠金融是带动金融资本下乡助推乡村振兴的重要路径。过

① 本章内容来自吕方、颜晓婷、祁缨缨：《"金融下乡"的实践逻辑——基于桐县"南庄"的案例分析》，《乡村振兴研究》(第2辑 社会组织与乡村振兴)2022年第2期。

去二十多年间，知识界围绕着理解“金融下乡”的知识逻辑和实践逻辑展开了丰富的研究，形成了政策主义解释、市场主义解释和关系主义解释三种理论视角，但既有研究无法解释缘何在政策环境、金融需求、社区团结等因素具有高度相似性的社区，金融下乡的成效却差异显著。由此，本节首先对当前金融下乡研究系谱进行梳理，再进一步阐释中国农村金融实践逻辑，继而为桐县“南庄”案例分析提供研究基础。

一、金融下乡研究系谱

民族要复兴，乡村必振兴。众所周知，农业农村现代化离不开金融支持，“强化乡村振兴金融服务”是中央 2022 年全面推进乡村振兴的重点工作之一①；然而从世界范围内来看，现代金融存在着明显的城市偏向，相对于城市工商业部门，农村农业领域获得的金融服务和金融支持可谓少之又少，尤其是在中国独特的城乡二元结构背景下，“金融不下乡”的问题更显突出②。在减贫与发展领域，已达成共识的是，贫困群体往往面对着“金融排斥”的现象③，增强

① 新华社：《中共中央 国务院关于做好 2022 年全面推进乡村振兴重点工作的意见》，(2022-02-22)[2022-10-15]，http://www.gov.cn/zhengce/2022-02/22/content_5675035.htm。

② 王曙光、王东宾：《双重二元金融结构、农户信贷需求与农村金融改革——基于 11 省 14 县市的田野调查》，《财贸研究》2011 年第 5 期；胡宗义、刘亦文：《金融非均衡发展与城乡收入差距的库兹涅茨效应研究——基于中国县域截面数据的实证分析》，《统计研究》2010 年第 5 期。

③ 李建军、韩珣：《金融排斥、金融密度与普惠金融——理论逻辑、评价指标与实践检验》，《兰州大学学报(社会科学版)》2017 年第 4 期；Kempson E., Whiley C., *Kept out or Opted out? Understanding and Combating Financial Exclusion*, Bristol: Policy Press, 1999a; Leyshon A., Thrift N., "Financial Exclusion and the Shifting Boundaries of the Financial System," *Environment and Planning* A7(1996): 1150-1156.

金融服务的普惠性质，无疑有助于提升贫困人口的自我发展能力[①]。鉴于此，普惠金融作为重要的减贫干预手段，得到了众多政府组织和非政府行动主体的青睐。在中国的国家乡村政策体系，特别是扶贫政策体系中，普惠金融手段占据重要地位[②]，在过去数十年的实践中，总体上取得了积极的成效，积累了一些模式和经验，但如何完整理解金融下乡的实践逻辑，仍存在众多未解之题。作为对现实需求的理论关怀，知识界围绕着如何推动"金融下乡"的议题展开了丰富的讨论，形成了政策主义解释、市场主义解释和关系主义解释三种研究途径，为我们理解该命题的复杂实践问题和样态，提供了富有启示性的理论工具。

持政策主义解释观点的研究者认为，解决农村金融困局离不开政府运用管制手段，促进金融下乡。相对于传统自给自足的社会形态而言，在快速的经济社会转型中，乡村变迁衍生出农户多层面的金融需求，而由于农业经济的低积累性(低水平均衡)，仅仅依靠乡村自身的力量难以有效组织能够满足实际需求的金融体系[③]。此外，金融运行的内在逻辑决定了金融排斥的现象必然存在。借助罗纳德·科斯的交易成本(TC)思想便不难发现，对于金融机构而言，开设并维持一个金融网点的运转必然需要花费成本，无论这

① 丁志国、谭伶俐、赵晶：《农村金融对减少贫困的作用研究》，《农村经济问题》2011 年第 11 期。

② 杜晓山：《小额信贷的发展与普惠性金融体系框架》，《中国农村经济》2006 年第 8 期；黄承伟、陆汉文、刘金海：《微型金融与农村扶贫开发——中国农村微型金融扶贫模式培训与研讨会综述》，《中国农村经济》2009 年第 9 期；李伶俐、周灿、王定祥：《中国农村扶贫金融制度：沿革、经验与趋向》，《农村经济》2018 年第 1 期。

③ 王彬：《中国农村金融体系的功能缺陷与制度创新——基于贵州省毕节地区农村金融实践的理论思考》，经济科学出版社，2011，第 33 页。

个网点的规模是大是小。如果维持这个金融服务网点所产生的收益不足以覆盖其成本，则理性的行动者自然会选择不开设（或者关闭）这个网点。与此相对应的是，城市工商业较为活跃，面向城市工商业的金融服务更为有利可图，特别是对一些具备良好成长性的经济部门来说。因此，乡村在市场体系下俨然成为金融上的无价值者。想要促进金融下乡，则必然需要加强政府的干预。这一思想成为乡村金融干预的基本理念，特别是在凯恩斯主义思想的指引下，众多政府机构和非政府组织推出了各种版本的金融管制和金融干预计划。其内容则主要包括设置政策性的金融机构（非营利性质的金融机构）、对利率的管制、对农户的利率补贴，以及规范民间的非正式金融活动①。可以说，上述思想时至今日依然是普惠金融的根本理念，产生着广泛而深刻的影响②。

政策主义的观点不断面对来自市场主义观点的严峻挑战。继承新自由主义的思想内核，后者认为如果加强政府对金融体系的干预，则必然导致扭曲金融市场的“价格信号”，因此真正重要的是“把价格搞对”。以俄亥俄学派为代表的市场主义观点认为，在政策主义的干预举措下，受到管制的“利率”不能真实地反映资本的价格，因而必然影响资本的动力，削弱金融体系的储蓄动员能力③。同时，干预主导下的政策性金融，对农村内生的金融活

① 马勇、陈雨露：《农村金融中的政府角色：理论诠释与中国的选择》，《经济体制改革》2009年第4期。

② Beck T., Demirgüç-Kunt A., Levine R., “Finance, Inequality and the Poor,” *Journal of Economic Growth* 12(2007): 27 - 49; Corrado Germana, Corrado Luisa, “Inclusive Finance for Inclusive Growth and Development,” *Current Opinion in Environmental Sustainability* 24(2017): 19 - 23.

③ 马勇、陈雨露：《农村金融中的政府角色：理论诠释与中国的选择》，《经济体制改革》2009年第4期。

动形成了挤压效应，不利于农村金融市场的发展[①]。此外，由于政策性金融往往采用自上而下的行政分配方式，地方利益构造对稀缺资源的分配产生明显的影响，同时由于精英俘获现象广泛发生，真正贫困的群体反而难以得到金融福祉的阳光雨露[②]。干预主义农村金融的无效率还体现在弱化了贫困人口的内生动力上，扭曲的资源配置不但没有真正激发农户的自我发展能力，反而在浪费资源、形成呆坏账的同时滋长了依赖心理。因此，真正要紧的是将一厢情愿的干预举措束之高阁，让利率能够反映真实的资本定价，从而促使市场运行起来，带动乡村金融的繁荣。20 世纪 80 年代以来，新自由主义的思潮席卷全球，但其实践成效乏善可陈，似乎又回到了问题的原点。

与经济学家关注金融市场规制的方式与程度不同，社会学家则从乡村金融运行的经验出发，强调金融下乡的社会基础，认为乡土社会的熟人场景和关系网络有助于降低金融运行的交易成本，从而可以发展出“另类”的乡村金融模式。从卡尔·波兰尼的“嵌入”[③]概念出发，继承格兰诺维特、科尔曼、布尔迪厄、普特南等人对社会资本的理解，有研究者指出，经济活动是在特定的社会场景（场域）下发生的，对于社会结构、关系网络、文化观念、思维方式等社会性要素的分析，对准确解释经济活动何以发生、如何运转来说必

① 朱超：《农村金融体系发展中的政府干预——以印度为例》，《经济与管理研究》2007 年第 1 期。
② 孙良顺、周孟亮：《小额信贷机构使命偏移研究述评》，《西北农林科技大学学报（社会科学版）》2014 年第 3 期。
③ 寸洪斌、曹艳春：《“市场”与“社会”关系探究：社会政策研究路向思考——基于卡尔·波兰尼的“嵌入性”理论》，《思想战线》2013 年第 1 期。

不可少。特别是在对非正式金融的研究中，既有研究强调村庄共同体、社会信任、关系与社会资本、地方性知识、区域性文化等因素对于降低小规模金融组织（如标会）运行风险、稳定金融秩序所具有的积极价值①。从交易成本的视角出发，以社区共同体和关系构造为基础的金融活动组织形态，能够充分利用熟人社区的信息流通量，从而降低因为信息不对称而衍生的高额交易成本②。在实践层面，不仅农村非正式金融广泛利用了关系主义的运营策略，一些社会企业性质的金融公益组织也对社区资源保持了足够的关注，在鼎鼎大名的格莱珉银行模式中，甚至在关系网络的基础上搭建联系更为紧密的互助式“小共同体”。类似的做法在国内小额信贷机构也屡见不鲜，如中和农信所推动的农村金融项目。

通过简要的梳理可以发现，既有研究强调金融下乡中政府角色、市场机制和社区共同体等因素的作用，并着重讨论了三者的边界，如政府作用的边界和市场机制的有效性问题，这些观点非常有助于我们思考促进金融下乡助力乡村振兴的路径和方法。但问题在于，既有研究更多是规范性的讨论，对金融下乡的实际过程关注不足，特别是难以解释经验层面不同案例中金融下乡实际成效的差异。例如，实践中我们常常会发现，在控制了政策环境、交易规则和社区共同体属性等因素的条件下，依然会有一些村落的农村金融比其他村落发展得更好，主要体现在金融规模和金融运行质量等方面。那么，是否存在既有研究中没有充分揭示的其他关键因素发挥了作用？如果存在，金融下乡成效的差异应当如何理解？本书正是围绕着上述问题的

① 胡必亮：《村庄信任与标会》，《经济研究》2004 年第 10 期。

② 邸玉玺、郑少锋：《社会网络和交易成本对农户生产性正规信贷的影响》，《西北农林科技大学学报（社会科学版）》2022 年第 1 期。

一项尝试性知识探索。在接下来的讨论中，我们将首先提出一个关于金融下乡实践逻辑的解释框架，继而以桐县“南庄”乡村金融十余年变迁的案例呈现该实践逻辑的关键机制，最后讨论理解金融下乡实践逻辑的知识意义和政策意义。

二、中国农村金融发展路径与实践逻辑

历史性地看，中国农村金融经历了从无到有、逐步发展的过程。知识界将农村金融发展脉络划分为几个阶段：其一，中华人民共和国成立以后，国家确立了城市优先、工业优先的发展战略，农村人民公社制度为工业和城市发展做出了重要贡献。这一时期，由于国家集中配置各种社会资源，独立的农户经济是不存在的，乡村金融也就无从谈起。其二，20 世纪 80 年代，国家启动面向经济欠发达地区的帮扶计划，补贴性的政策性信贷已经作为帮扶手段发挥一定作用。其三，在《国家八七扶贫攻坚计划》实施期间，在先行学者的积极倡导和国际发展组织的推动下，小额信贷模式开展了一系列试点项目，成效得到了官方的认可，并逐渐成为国家减贫政策体系的重要组成部分。其四，2000 年以来，“改革农村金融体制”“改善农村金融服务”等字眼连续多年出现在中央一号文件中，标志着国家通过大规模的改革举措，试图借用金融手段加强对农业农村的反哺。这一时期，金融与产业资源的整合利用逐渐成为政策设计的基本要素之一[①]。其五，自党的十八大以来，金融下乡进入了一个全新的阶段，在中央部署的以脱贫攻坚为代表的惠农惠民发

① 王曙光：《告别贫困——中国农村金融创新与反贫困》，中国发展出版社，2012，第 141—147 页；宁爱照、杜晓山：《新时期的中国金融扶贫》，《中国金融》2013 年第 16 期。

展实践中，逐渐形成了“政、企、银、农、地”统筹发展模式。细言之，在这一时期，惠农发展干预的实践更为成熟，表现为统筹运用政策、金融、土地等多种资源和要素，与乡村社区发展的实际需求及社区和农户的主体参与紧密结合，因地制宜推动农业、农村发展面貌整体性改善，同时促进农民增收和需求回应。换句话说，这一时期，金融下乡不再是单兵突进，而是被纳入整个国家乡村发展干预的整体制度框架中。这种做法将资本、劳动、土地等要素一起纳入县域及以基层社区为治理单元的规划体系中，以期避免之前碎片化政策干预的绩效困境。①

就此而言，充分理解金融下乡的实践逻辑离不开对农村金融发生和运转的经验场景进行深入细致的考察。特别是在新时期国家主导的统合式乡村发展阶段，对金融下乡的准确认识不能脱离整个国家乡村治理的制度背景和国家与乡村关系的实践样态。这或许对理解金融下乡的既有视角构成了有益的补充。在本节中，我们将从整个国家乡村治理的制度设置出发，探究新时期金融下乡的实践逻辑。需要说明的是，强调统合式乡村发展干预，并不是否认关于金融下乡的政策主义、市场主义和关系主义视角的价值，而是将目光更加聚焦在金融下乡的实践情境及其实际成效上，进而从过程性的视角揭示金融下乡的实践逻辑。

具体来说，金融下乡的实践逻辑视角侧重于讨论自税费改革以来，在国家乡村治理体系统筹运用各类资源推动乡村改革发展的背景下，社区治理状况本身、社区与国家（地方）的关系，如何影响金融下乡的可能性及其实际

① 吕方：《精准扶贫精准脱贫百村调研·金龙坪村卷：社区治理与脱贫攻坚》，社会科学文献出版社，2020，第 13 页。

效果。其中有几个议题至关重要：其一，社区治理状况的好坏影响社区社会资本的质量和交易成本的高低，从而对社区金融市场的产生、运行和成效具有影响。其二，社区治理状况的好坏影响着外界对社区发展的信心，特别是政府和市场主体对社区发展的预期，从而间接决定了各类资源下乡的意愿。其三，积极的社区治理变迁能够重塑国家与社区的关系，改善乡村社区发展的制度环境，带动资源下乡和社区资源的集聚，优化金融下乡等过程的实践基础。接下来，我们将基于桐县“南庄”的案例，进一步说明与讨论金融下乡实践逻辑的经验表达及知识与政策启示。

第二节　“南庄”的乡村金融变迁

“南庄”位于豫中平原，属于省定贫困村，该村辖 8 个村民小组，共有 396 户、1 686 人。选择“南庄”作为研究案例，主要是因其走在农村普惠金融发展的前列，并在自 2004 年至今的十余年间呈现阶段性的成效差异，构成了新时期理解金融下乡实践逻辑的有效样本。2004 年，“南庄”村两委在驻县挂职的“三农”领域专家学者的帮助下成立了“南庄”综合合作社，下设大米杂粮加工厂、资金互助部、供销部和植保部。资金互助作为合作社的一项基本业务，主要以服务社员为目的，旨在向社员提供低成本、高质量的金融服务。访谈中我们发现，“南庄”的资金互助部的发展并不是一帆风顺的。资金互助部于 2004—2005 年发展状况较好，在 2006—2012 年遇到了比较大的挫折，基本处于停摆状态，自 2013 年起又逐渐恢复发展并持续运行良好。

一、“入场即高光”

“南庄”地处开封桐县，是中原村落的典型代表。2003 年以前，“南庄”农业经济以传统粮食种植为主，由于农业生产效益较低，不少村民外出务工。2004 年，在桐县挂职的知名“三农”专家到“南庄”调研，指导该村发展合作经济。按照当时的构想，“南庄”的合作经济涵盖了生产加工、销售、金融等板块，形成了较为完整的社区合作经济生态闭环，并且在发展中融入城乡互助、生态农业、社会经济等先进的乡村发展理念。具体来说，“南庄”合作社下设大米杂粮加工厂、资金互助部、供销部、植保部和豆腐豆芽加工坊等部门，其中，资金互助部为种养、加工等产业发展提供资金支持，产业兴旺则能够保证整个体系有序有效运行。不难发现，在整个社区合作经济体系中，资金互助部是非常重要的单元，对体系的正常运行不可或缺，同时也会受整个合作经济体系运转状况的影响。

在具体操作层面，合作社采取自愿合作的原则，村民可根据自身意愿和能力，选择是否加入资金互助合作社，并根据自身财务状况缴纳股金，每股为 30 元，在认缴股金后享受按照不超过认缴互助金金额 10 倍的标准获得生产性贷款的权益，当时共有 200 余户村民入社筹集互助金 3 万余元。合作社的借款流程简易，仅需合作社社员本人填写贷款申请书、由一户村民担保，再由理事会审查借款人信用及借款用途，通过集中讨论决定是否借款，如果审核无疑则当天便可放贷。随着社区合作经济生态搭建完整，特别是在合作金融的支持下，“南庄”生态经济发展渐有起色，加上专家参与的持续智力支持，短短时间，“南庄”就发展成桐县乡村发展的明星村，各种观摩考察不断，同时也带动了更多外部资源特别是政府资源进村。整个体系进入良性运行的阶段，虽然中间也经历过一些曲折，如因为盲目发展食用菌产业导致合作社资金出现呆坏账，一度影响了村民信任和合作社运转，但整体向好的趋势是有目共睹的。在后文中，我们将进一步具体阐述这一时期“南庄”合作金融运行的实践逻辑。

二、停滞“骨牌”效应

然而，好景不长。自2006年起，该村在经营方面出现了一系列问题，回想起来，这些问题之间似乎颇有些“骨牌”效应。最早出现问题的是盲目上产业项目导致的经营风险影响合作资金安全。2006年，4户“南庄”家庭每户从合作社借贷3 000元用于发展食用菌产业，这12 000元占当时合作社资金总量的40%，然而由于没有掌握好食用菌种植和管理技术，大棚食用菌出菌率低，借贷农户可谓血本无归，这12 000元的贷款也就成了“坏账”。其余社员认为，资金互助不但没有让他们获得想要的回报，反而持续亏损，人们纷纷要求退出合作社，不愿意继续将自己的钱存入资金互助社，认为资金互助社不过是“骗人的东西”。同时，由于市场变动，既有的几个产业也陆续出现了经营困难，雪上加霜的是，当地政府在村里推行的几个发展项目也陆续遇到了水土不服的难题。社区经济发展的窘迫状况动摇了村民对合作社的信心，特别是质疑地方政府资金在村里的使用和分配存在不公正的问题，继而导致村干部与村民间出现罅隙。一时间，既往的“明星村”为矛盾所纠缠，很多工作推行起来存在比较大的困难，从而也就更难争取到外部的支持。

三、整装再出发

虽然“南庄”在几年的时间里不断探索新的产业和发展模式，但整体来看，成效不够理想。主要原因在于村庄内部难以形成有效的社区团结，发展面临着较高的交易成本，进而也影响了外界对“南庄”的评价与信心。2012年开始，桐县重新审视“南庄”的发展思路和模式，希望能够通过系统性改善，帮助“南庄”重新整装上阵。值得注意的是，这一时期国家精准扶贫的治贫方略逐渐明晰，并且提出了精准脱贫不落一人的要求。可想而知，一开始的工作并不容易，县里、乡里干部通过耐心细致的工作，走村入户与村民交流，希望能够重拾村民对发展的信心。在充分表达了县里和乡里的支持态度并反复沟通后，“南庄”互助合作社以“粮食信托”的形式重整旗鼓，即入社村民将大米、杂粮等农产品折款作股有息存入合作社，并享有按需依规用款权益。2013 年 7 月 26 日，基于“粮食信托互助社”，“南庄”合作社资金互助部正式成立，入社成员共计 150 多户，存入资金逾 150 万元。此后，在当地政府的支持下，“南庄”积极调整发展思路，选准发展项目，产业发展逐渐走上良性发展的道路。至 2016 年，合作社的营业额翻倍增长，合作社提出将60%的利润给成员分红，近 10%的利润用于公益事业建设，时至今日，合作社已覆盖周边 14 个村庄，成员共计 961 户，资金总额 1 880 万元。

从经验层面来看，我们感兴趣于“南庄”的合作金融发展何以会历经波折，这种变动的原因何在，是否有助于我们思考农村金融的奥秘。为了探寻问题的答案，我们在“南庄”驻扎，和合作社理事长、资金互助部股东、驻村干部、村两委干部和村民进行了深入的访谈。访谈中我们发现，已有的经验解释或许并不足以完全揭示“南庄”合作社资金互助部从“行”到“不行”再到“行”的发展轨迹——在整个发展过程中，金融组织模式、村庄的社会关系网络与金融需求等社会基础并没有发生实质性的变化，但是“南庄”合作社资金互助部却在这 16 年间出现了一个“N”型发展历程。因此，需要进一步深入思考究竟何种力量对“南庄”合作社资金互助部的运行状况产生了影响。可以说，“南庄”合作社的案例构成了新时期理解金融下乡社会逻辑的有效样本。

第三节　统合式乡村发展体制与普惠金融

回望“南庄”社区产业和互助金融十余年的发展历程，很容易辨识出前后相继的几个阶段。然而，从学理层面来看，各个时期影响互助金融体系运行的关键因素却具有相对的稳定性，在这种稳定的关系中，或许可以理解金融下乡的实践逻辑。

一、互助金融的社会基础

“南庄”的互助金融滥觞基础在于社区共同体的构造，特别是其熟人社区的性质，能够极大地降低“信息成本”。这与既有的关系主义解释不谋而合[①]，同时还应看到社区能人的作用，以及社区与外部环境（包括政府、学者、外部市场等因素结成的“行动者网络”）对于互助金融的发展产生了重要影响。前文已述，商业金融机构实际上缺乏金融下乡的动力和能力，很大程度

① 相对而言，政策主义解释和市场主义解释更多属于规范性的讨论。而当我们深入实践层面，会发现无论是政策性金融还是市场性金融，社区共同体的资源对其良好运行都不可或缺，因此在这里我们不做抽象讨论，而是聚焦于实际发生层面。

上是组织成本和信息成本的问题。政策性金融政策亦往往由于难以掌握准确的需求信息而出现分配的效率困境。反观以互助为核心的社区合作金融，则充分借助了社区的共同体性质和权威结构。在社区熟人共同体中，互助金融的区域原生性使其对于资金需求方的信用、家庭背景、贷款用途及偿还前景较熟悉，从而有利于在搜寻信息成本花费较少的情况下对贷款项目进行正确评估①。以“南庄”金融合作社为例，访谈中合作社的理事长告诉我们，互助金融之所以能够运转起来，恰恰得益于其深深嵌入在长期形成的共同社会网络之中②，从而降低了经营风险。

俺们村都是熟人，谁爱赌个钱，谁好好干能挣钱，我们心里清楚得很，那些不好好干活的、爱赌钱的人，俺们根本不让他们进合作社，给他们借钱的风险太高了，就是竹篮打水一场空。而那些好好干活的、品行端正的、符合标准的人，才允许他们进合作社。只要这些人有借钱的需求，来我们资金互助部，按照流程，简单地审核一下资金用途，就能立马把钱批下来。

——“南庄”合作社理事长访谈，2020 年 11 月 11 日上午

同时，社区共同体的信任和声望机制，对资金互助社社员的履约行为产生了较为有效的激励和约束。社区共同体与生俱来的信任机制、声誉机制促进了农户的履约行为。可以说，在长期的交往和互动中，履约行为本身就是社区生活的法则。用“南庄”资金互助部负责人的话来说，在履约方面，互助金融与商业金融完全不同，可以基本不用担心违约的问题。

① 张阳：《农村资金互助社发展困扰：法律父爱主义及其治理》，《湖南农业大学学报(社会科学版)》2019 年第 2 期。

② 蔡洋萍、谢冰：《我国农村普惠金融内生化发展机理、障碍及对策研究》，《金融与经济》2016 年第 2 期。

居民不还钱，这个事我们不用担心，我们之间都熟悉得很，谁要是逾期了，我给他打个电话问一下情况就行，或者大家见面的时候，就随便提一下“你那个合作社的钱该还了”，一般都能还，几乎不会出现不还钱的现象，因为他一旦不还钱，很快整个村就都知道了，名声也就臭了，以后他还怎么在村里待。

——“南庄”资金互助部负责人，2020年11月12日上午

此外，社区权威对于合作金融的有效运行具有积极效应。特别是在一些乡村社区，能人领办合作社同时也兼任村干部，于是出现了技术、经济、政治多重权威集于一身的情况，这对于村庄运行产生着举足轻重的作用。特别需要指出的是，乡村权威同时还联结着社区内外，代表社区争取外部的资源，并将争取到的资源在社区成员之间分配。在“南庄”，资金互助社的理事长由时任村支部书记Z担任，有干劲、有技术、有担当、年富力强的Z，不仅在村里颇有威望，同时也是乡里和县里的名人，颇能争取到政府的支持。

要之，“南庄”金融合作社得以有效运转的社会基础体现在熟人共同体、社区文化与社区规范，以及社区权威的共同在场上。但这些因素及其相互作用，只能解释“南庄”金融合作社得以“兴起”的原因，却无法充分阐明十余年间“南庄”金融合作社发展的曲折历程。

二、统合式发展体制与“金融下乡”

既然既有的知识无法充分揭示“南庄”互助金融发展的波折经历，那么不妨整体性回溯“南庄”发展十多年的历程，观察其中的关键性事实，提出新

的解释。显而易见，从“南庄”的案例来看，社区互助金融的运转状况似乎与社区产业发展(至少是产业发展的预期)紧密相连。这中间的关联并不难理解，首先与消费金融不同，生产性金融源于产业发展的需要，社区产业发展的向上态势以及农户的积极预期对金融产品的活跃具有基础性作用。但并不是只要有预期就能够保证整个体系运转顺畅，恰恰是如果产业项目遭遇风险，必然波及互助金融的运转。以此视角观之，之所以从 2006 年开始“南庄”的互助金融经历了八年多的曲折甚至停滞，就在于盲目上产业项目，以及市场变动所带来的产业风险，影响到社区居民的预期和信任，进而对互助金融的运行质量产生影响。特别是连带出现的干群矛盾对社区团结构成较大挑战，亦进一步影响了社区争取外部资源支撑产业发展的能力。

如果从政府视角来看，税费改革以后，乡村基层政府组织逐渐显现出“支持型政权”的特点①，负责将国家惠农政策落实落地。其中，通过政府引导和扶持促进乡村社区建设与发展是重要方式，具体的方法除了政府直接的投入以外，还包括引导城市工商业资本下乡。如果从基层政府所处的制度环境和治理情境出发，会发现基层政府一方面承担着促进乡村发展(在当时的条件下至少是打造若干样本)的任务，另一方面要避免资源下乡的过程“落地”不畅，甚至引发新的社会矛盾②。“南庄”的互助金融，虽然从形式上看主要是借助社区合作的方式运转，但政府的资金和政策扶持在整个发展

① 吕方、向德平：《“政策经营者”：“支持型政权”与新乡土精英的崛起——基于“河村”案例的研究》，《社会建设》2015 年第 3 期。

② 吕方：《治理情境分析：风险约束下的地方政府行为——基于武陵市扶贫办“申诉”个案的研究》，《社会学研究》2013 年第 2 期。

过程中同样发挥着非常重要的作用，特别是涉及水、电、路、网等产业发展的基础设施建设项目，以及一些产业发展项目。可以想见，社区盲目发展产业及社区资源分配所产生的社区“治理危机”必然会影响到政府与社区之间的关系。换言之，如果村庄被理解为“问题村”，则很难争取到政策支持的阳光雨露。相应地，产业与金融之间原本的共生关系也因而发生了危机。

自党的十八大以来，脱贫攻坚成为“三农”工作领域的重中之重。这一时期，国家主导的乡村发展干预呈现出更为完备和成熟的“统合式”特征。一方面，鼓励社区参与到发展项目的设计中，并充分发挥市场主体的作用，避免过度行政干预，以提升发展的有效性；另一方面，各部门资金乃至社会力量在进入乡村的过程中，不再是单兵突进，而是加强了统合与统筹，即根据社区发展的多元需求和资源禀赋，统筹“政、企、银、农、地”形成综合性的回应方案。相应地，金融下乡的实践逻辑亦需要置于这种新时期的统合式发展干预模式之下理解。前文已述，在统合式发展干预的闭环中，政府和社会资源供给、乡村发展和乡村治理呈现出彼此互联、互相依存、互相影响的状况。社区治理水平甚至决定了各项资源下乡的意愿和实际产生的效果。对照“南庄”的案例，不难发现，2013 年“南庄”的整装再出发聚合了上述多重过程；并且在精准扶贫过程中，桐县推动“南庄”社区团结重整的努力在其中扮演了关键的角色。

在调研中我们发现，虽然“南庄”的遗留矛盾依然没有全部化解，但在书记和驻村工作队的努力下，在桐县加强基层党组织建设的举措支撑下，统合式发展干预模式内涵的诸种关系逐渐理顺，随着外部资源的密集落地，“南庄”的产业和金融焕发新姿，呈现出蓬勃发展的态势。正是在逐渐走出既往

“骨牌”效应困境的过程中，“南庄”整体发展面貌得以重塑，产业、金融、社区治理进入良性互促的新局面。

第四节 总结与讨论

随着乡村振兴战略的实施，国家在普惠金融领域投入大量资源，基本建立了农村普惠金融体系，完善了农村金融制度的创新，发挥了农村金融对于农村产业发展的助推作用。本章尝试用特定国家与社会关系形态所形塑的乡村产业和乡村金融的共生发展实践逻辑这一更具整体性的知识框架来阐释金融下乡的实践逻辑。重新认识新时期金融下乡的实践逻辑，不仅具有学理上的价值，同时对于全面乡村振兴战略的实施具有重要的现实意义和政策启示。如果我们的认识依然停留在政府干预、市场作用等关于普惠金融的规范性讨论上，不能充分阐释金融下乡的实践脉络，无疑会限制我们的理论想象力和智力服务能力。

“南庄”的社区金融主要是以合作金融的形式来组织的，或许这并不足以完全代表新时期金融下乡的整体状况，但即使考虑到政府主导的金融扶贫和其他市场主体的普惠金融服务，关于统合式发展干预模式与金融下乡实践逻辑的讨论依然具有解释力，即无论是社区内生的合作金融，还是政府或社会力量主导的普惠金融，都无法脱离整个乡村发展体制而进行单独理解。甚至在数字普惠金融时代，金融下乡的实践逻辑依然不会完全被技术逻辑所取代。推而论之，如果我们承认本章关于金融下乡的实践逻辑的讨论，以及关于统合式发展干预模式的解释，那么很具现实价值的是，在乡村振兴时代，通过综合性的干预策略，促进社区治理、社区产业、社区文化诸领域进入良性互促的形态，对于社区谋划振兴发展具有重要的意义。而上述观点，无论是从政府行动者的视角还是从社区行动者的视角来看，都是具有一定价值的。

参 考 文 献

一、英文专著

[1] Balkenhol B. Microfinance and public policy：Outreach，performance and efficiency[M]. Houndmills，Basingstoke，Hampshire：Palgrave Macmillan，2007.

[2] Ivatury G. Using technology to build inclusive financial systems [M]//New Partnerships for Innovation in Microfinance. Berlin，Heidelberg：Springer Berlin Heidelberg，2009：140－164.

[3] Kempson E，Whyley C，Caskey J，et al. In or out? Financial exclusion：A literature and research review[M]. London：Financial

Services Authority, Bristol, 2000.

[4] Park R E, Burgess E W. Introduction to the science of sociology [M]. Chicago: University of Chicago Press, 1921.

[5] Sherman C. Financial exclusion in Australia [A]//The third Australian society of heterodox economists conference[C]. Sydney: University of New South Wales, 2004.

[6] Sherraden M S, Birkenmaier J, Collins J M. Financial capability and asset building in vulnerable households: Theory and practice[M]. New York: Oxford University Press, 2018.

二、英文文章

[1] Leyshon A, Thrift N. Financial exclusion and the shifting boundaries of the financial system[J]. Environment and Planning A: Economy and Space, 1996, 28(7): 1150 - 1156.

[2] Adams D W. Filling the deposit gap in microfinance[J]. Paper for the Best Practices in Savings Mobilization Conference, Washington, DC, 2002(11): 5 - 6.

[3] Abhijit V B, Andrew F N. Occupational choice and the process of development[J]. The Journal of Political Economy, 1993, 101(2): 274 - 298.

[4] Beck T, Demirgüç-Kunt A, Levine R. Finance, inequality and the poor[J]. Journal of Economic Growth, 2007, 12(1): 27 - 49.

[5] Carruthers B G, Kim J C. The sociology of finance[J]. Annual Review of Sociology, 2011, 37: 239-259.

[6] Germana C, Luisa C. Inclusive finance for inclusive growth and development[J]. Current Opinion in Environmental Sustainability, 2017, 24: 19-23.

[7] Duncan G J, Yeung W J, Brooks-Gunn J, et al. How much does childhood poverty affect the life chances of children? [J]. American Sociological Review, 1998, 63(3): 406-423.

[8] Galor O, Zeira J. Income distribution and macroeconomics[J]. The Review of Economic Studies, 1993, 60(1): 35-52.

[9] Clarke G R G, Xu L C, Zou H F. Finance and income inequality: What do the data tell us? [J]. Southern Economic Journal, 2006, 72(3): 578-596.

[10] Greenwood J, Jovanovic B. Financial development, growth, and the distribution of income[J]. Journal of Political Economy, 1990, 98(5): 1076-1107.

[11] Behrman J R, Birdsall N, Székely M. Economic policy changes and wage differentials in Latin America[J]. Economic Development and Cultural Change, 2007, 56(1): 57-97.

[12] Kindle P A. The financial literacy of social work students[J]. Journal of Social Work Education, 2013, 49(3): 397-407.

[13] Onyx J, Bullen P. Measuring social capital in five communities[J].

The Journal of Applied Behavioral Science，2000，36(1)：23－42.

[14] Merton R C. A functional perspective of financial intermediation [J]. Financial Management，1995，24(2)：23－41.

[15] Claessens S. Access to financial services：A review of the issues and public policy objectives[J]. The World Bank Research Observer，2006，21(2)：207－240.

三、中文专著

[1] [印] 阿比吉特・班纳吉，[法] 埃斯特・迪弗洛. 贫困的本质：我们为什么摆脱不了贫穷[M]. 景芳，译. 北京：中信出版社，2018.

[2] [德] 安德烈・冈德・弗兰克. 依附性积累与不发达[M]. 高铦，高戈，译. 南京：译林出版社，1999.

[3] 丁大卫. 新金融宣言：金融洪荒时代的混沌钟[M]. 北京：中国华侨出版社，2010.

[4] 方然. "社会资本"的中国本土化定量测量研究[M]. 北京：社会科学文献出版社，2014.

[5] [德] 斐迪南・滕尼斯. 共同体与社会：纯粹社会学的基本概念[M]. 林荣远，译. 北京：商务印书馆，1999.

[6] 费孝通，刘豪兴. 乡土中国[M]. 上海：上海人民出版社，2019.

[7] 国家统计局住户调查办公室. 中国农村贫困监测报告－2017[M]. 北京：中国统计出版社，2017.

[8] 张承惠，郑醒尘，等. 中国农村金融发展报告－2015[M]. 北京：中国发

展出版社，2016.
［9］ 何红梅，王惠凌. 小额信贷实务［M］. 北京：北京理工大学出版社，2018.
［10］ 何艳玲. 都市街区中的国家与社会：乐街调查［M］. 北京：社会科学文献出版社，2007.
［11］ 黄达. 金融学［M］. 北京：中国人民大学出版社，2003.
［12］ 黄建新. 反贫困与农村金融制度安排［M］. 北京：中国财政经济出版社，2008.
［13］ ［加］乔安娜·莱杰伍德，［加］朱莉·阿恩，［加］坎迪斯·尼尔森. 新版小微金融手册［M］. 白海峰，游春，黄文礼，译. 北京：中国金融出版社，2017.
［14］ 焦瑾璞，陈瑾. 建设中国普惠金融体系：提供全民享受现代金融服务的机会和途径［M］. 北京：中国金融出版社，2009.
［15］ 李建军，等. 中国普惠金融体系：理论、发展与创新［M］. 北京：知识产权出版社，2014.
［16］ 吕方. 精准扶贫精准脱贫百村调研·金龙坪村卷：社区治理与脱贫攻坚［M］. 北京：社会科学文献出版社，2020.
［17］ ［英］罗伯特·D. 帕南. 使民主运转起来：现代意大利的公民传统［M］. 王列，赖海榕，译. 南昌：江西人民出版社，2001.
［18］ ［法］马塞尔·莫斯. 礼物：古式社会中交换的形式与理由［M］. 汲喆，译. 上海：上海人民出版社，2002.
［19］ 马仲良. 社区工作概论［M］. 北京：中国社会出版社，2013.

[20] [美] 迈克尔·谢若登. 资产与穷人：一项新的美国福利政策[M]. 高鉴国，译. 北京：商务印书馆，2005.

[21] 彭兴韵. 金融发展的路径依赖与金融自由化[M]. 上海：上海三联书店，上海人民出版社，2002.

[22] [法] 皮埃尔·布尔迪厄. 文化资本与社会炼金术：布尔迪厄访谈录[M]. 上海：上海人民出版社，1997.

[23] 世界银行. 2015 年世界发展指标[M]. 姜睿，等译. 北京：中国财政经济出版社，2015.

[24] [美] 斯科特·贝斯利，[美] 尤金·F. 布里格姆. 金融学原理[M]. 吴先红，徐春武，王宇，等译. 北京：北京大学出版社，2016.

[25] 孙莹. 贫困的传递与遏制：城市低保家庭第二代问题研究[M]. 北京：社会科学文献出版社，2005.

[26] 王彬. 中国农村金融体系的功能缺陷与制度创新：基于贵州省毕节地区农村金融实践的理论思考[M]. 北京：经济科学出版社，2011.

[27] 王曙光. 告别贫困：中国农村金融创新与反贫困[M]. 北京：中国发展出版社，2012.

[28] 闫坤，刘轶芳，等. 中国特色的反贫困理论与实践研究[M]. 北京：中国社会科学出版社，2016.

[29] [美] 约翰·G. 格力，[美] 爱德华·S. 肖. 金融理论中的货币：新 2 版[M]. 贝多广，译. 上海：上海人民出版社，2006.

[30] 燕继荣. 投资社会资本：政治发展的一种新维度[M]. 北京：北京大学出版社，2006.

[31] [美]詹姆斯·S.科尔曼.社会理论的基础[M].邓方，译.北京：社会科学文献出版社，1999.

[32] 张承惠，潘光伟，等.中国农村金融发展报告-2016[M].北京：中国发展出版社，2017.

[33] 赵海宽，郭田勇.中国金融体制改革20年[M].郑州：中州古籍出版社，1998.

[34] 陈锡文，韩俊.中国农业供给侧改革研究[M].北京：清华大学出版社，2017.

[35] 武汉大学，中国国际扶贫中心.中国反贫困发展报告(2016)：社会组织参与扶贫专题[M].武汉：华中科技大学出版社，2016.

[36] 华中师范大学，中国国际扶贫中心.中国反贫困发展报告(2014)：社会扶贫专题[M].武汉：华中科技大学出版社，2014.

四、中文文章

[1] 陈捷，卢春龙.共通性社会资本与特定性社会资本：社会资本与中国的城市基层治理[J].社会学研究，2009，24(6)：87-104，244.

[2] 陈劲，尹西明，赵闯，等.反贫困创新：源起、概念与框架[J].吉林大学社会科学学报，2018，58(5)：33-44，204.

[3] 陈友华，苗国.老年贫困与社会救助[J].山东社会科学，2015(7)：104-113.

[4] 寸洪斌，曹艳春."市场"与"社会"关系探究：社会政策研究路向思考：基于卡尔·波兰尼的"嵌入性"理论[J].思想战线，2013，39(1)：94-97.

[5] 邓锁.社会发展、金融能力与社会工作参与反贫困[J].中国社会工作，2018(28)：25-26.

[6] 邓锁.经济赋能与社区融合：以一个西部地区的反贫困实践为例[J].中国农业大学学报(社会科学版)，2019，36(1)：59-69.

[7] 邸玉玺，郑少锋.社会网络和交易成本对农户生产性正规信贷的影响[J].西北农林科技大学学报(社会科学版)，2022，22(1)：151-160.

[8] 丁志国，谭伶俐，赵晶.农村金融对减少贫困的作用研究[J].农业经济问题，2011，32(11)：72-77，112.

[9] 董晓林，徐虹.我国农村金融排斥影响因素的实证分析：基于县域金融机构网点分布的视角[J].金融研究，2012(9)：115-126.

[10] 杜晓山.小额信贷的发展与普惠性金融体系框架[J].中国农村经济，2006(8)：70-73，78.

[11] 范香梅，彭建刚.国际小额信贷模式运作机制比较研究[J].国际经贸探索，2007(6)：50-54.

[12] 方舒，兰思汗.金融社会工作的本质特征与实践框架[J].社会建设，2019，6(2)：14-19.

[13] 方舒，兰思汗.金融赋能与资产建设：金融社会工作教育、研究与实务国际研讨会综述[J].开发研究，2019(2)：142-147.

[14] 费孝通.二十年来之中国社区研究[J].社会研究，1948(77).

[15] 冯文丽.我国农业保险市场失灵与制度供给[J].金融研究，2004(4)：124-129.

[16] 桂勇，黄荣贵.社区社会资本测量：一项基于经验数据的研究[J].社

会学研究，2008(3)：122－142，244－245.

［17］ 何德旭，苗文龙. 金融排斥、金融包容与中国普惠金融制度的构建[J]. 财贸经济，2015(3)：5－16.

［18］ 胡必亮. 村庄信任与标会[J]. 经济研究，2004(10)：115－125.

［19］ 胡宗义，刘亦文. 金融非均衡发展与城乡收入差距的库兹涅茨效应研究：基于中国县域截面数据的实证分析[J]. 统计研究，2010，27(5)：25－31.

［20］ 黄金老. 论金融脆弱性[J]. 金融研究，2001(3)：41－49.

［21］ 黄进，玛格丽特·谢若登，邹莉. 普惠金融与金融能力：美国社会工作的大挑战[J]. 中国社会工作，2018(28)：57－58.

［22］ 黄曹福，张作俭，邹尹波. 金融社会工作应用实践与探索[J]. 中国社会工作，2018(7)：32－33.

［23］ 黄承伟，陆汉文，刘金海. 微型金融与农村扶贫开发：中国农村微型金融扶贫模式培训与研讨会综述[J]. 中国农村经济，2009(9)：93－96.

［24］ 黄延信. 发展农村集体经济的几个问题[J]. 农业经济问题，2015，36(7)：4－8.

［25］ 李建军，韩珣. 金融排斥、金融密度与普惠金融：理论逻辑、评价指标与实践检验[J]. 兰州大学学报(社会科学版)，2017，45(4)：19－35.

［26］ 李伶俐，周灿，王定祥. 中国农村扶贫金融制度：沿革、经验与趋向[J]. 农村经济，2018(1)：61－68.

［27］ 李迎生. 新时代发展金融社会工作的意义及其路径[J]. 社会建设，2019，6(2)：23－27.

[28] 梁国利，周熙明. 新时代金融社会工作本土化发展路径[J]. 沈阳大学学报(社会科学版)，2020，22(6)：713－717，780.

[29] 林典. 金融社会工作：缘起、内涵与实务[J]. 社会工作与管理，2019，19(2)：42－48.

[30] 刘恒怡，王延涛. 小额信贷在我国农村金融体系发展中的问题研究[J]. 农业经济，2011(8)：69－70.

[31] 罗煜，李焰. 微型金融的边界：以中和农信小额信贷为例[J]. 中央财经大学学报，2016(5)：25－34.

[32] 吕方，向德平. "政策经营者"："支持型政权"与新乡土精英的崛起：基于"河村"案例的研究[J]. 社会建设，2015，2(3)：57－67，78.

[33] 吕方，苏海，梅琳. 找回村落共同体：集体经济与乡村治理：来自豫鲁两省的经验观察[J]. 河南社会科学，2019，27(6)：113－118.

[34] 马勇，陈雨露. 农村金融中的政府角色：理论诠释与中国的选择[J]. 经济体制改革，2009(4)：86－91.

[35] 迈克尔·谢若登. 美国及世界各地的资产建设[J]. 山东大学学报(哲学社会科学版)，2005(1)：23－29.

[36] 宁爱照，杜晓山. 新时期的中国金融扶贫[J]. 中国金融，2013(16)：80－81.

[37] 农村金融研究课题组. 农民金融需求及金融服务供给[J]. 中国农村经济，2000(7)：55－62.

[38] 秦晖. "大共同体本位"与传统中国社会(上)[J]. 社会学研究，1998，13(5)：14－23.

[39] 任志安，林国荣. 大共同体？小共同体？评秦晖的“从大共同体本位走向市民社会”[J]. 社会学研究，2000，15(2)：76 - 85.

[40] 孙良顺，周孟亮. 小额信贷机构使命偏移研究述评[J]. 西北农林科技大学学报(社会科学版)，2014，14(3)：106 - 113.

[41] 田霖. 我国金融排除空间差异的影响要素分析[J]. 财经研究，2007，33(4)：107 - 119.

[42] 王超，刘俊霞. 中国反贫困工作 40 年历史演进：基于 1979—2018 中国反贫困政策的量化分析[J]. 中国农村经济，2018(12)：2 - 18.

[43] 王海民，李小云. 贫困研究的历史脉络与最新进展述评[J]. 中国农业大学学报(社会科学版)，2009，26(3)：40 - 51.

[44] 王名，贾西津. 中国 NGO 的发展分析[J]. 管理世界，2002(8)：30 - 43，154 - 155.

[45] 王曙光，王东宾. 双重二元金融结构、农户信贷需求与农村金融改革：基于 11 省 14 县市的田野调查[J]. 财贸经济，2011(5)：38 - 44，136.

[46] 王思斌. 改革中弱势群体的政策支持[J]. 北京大学学报(哲学社会科学版)，2003，40(6)：83 - 91.

[47] 王思斌. 金融增能：社会工作的服务领域和能力建设[J]. 社会建设，2019，6(2)：3 - 6.

[48] 王水雄. 金融工具、信用能力分化与社会不平等[J]. 社会，2007，27(1)：41 - 66，207.

[49] 王小林. 贫困标准及全球贫困状况[J]. 经济研究参考，2012(55)：41 - 50.

[50] 王颖，曾康霖. 论普惠：普惠金融的经济伦理本质与史学简析[J]. 金融研究，2016(2)：37－54.

[51] 韦革. 贫困理论和政府扶贫实践的社会资本逻辑[J]. 中国行政管理，2009(9)：100－102.

[52] 温涛，冉光和，熊德平. 中国金融发展与农民收入增长[J]. 经济研究，2005，40(9)：30－43.

[53] 文军，刘昕. 近八年以来中国社会工作研究的回顾与反思[J]. 华东理工大学学报(社会科学版)，2015，30(6)：1－12，39.

[54] 巫正洪，吴世友，Gina A Chowa. 社会工作实践的新方向：金融社会工作[J]. 中国劳动关系学院学报，2013，27(6)：98－100.

[55] 向德平，华汛子. 党的十八大以来中国的贫困治理：政策演化与内在逻辑[J]. 江汉论坛，2018(9)：131－136.

[56] 辛自强. 金融社会工作要聚焦公众财经素养提升[J]. 社会建设，2019，6(2)：11－14.

[57] 星焱. 改革开放40年中国金融扶贫工具的演化[J]. 四川师范大学学报(社会科学版)，2018，45(6)：36－44.

[58] 苑鹏，彭莹莹. 农民专业合作社开展信用合作的现状研究[J]. 农村经济，2013(4)：3－6.

[59] 易宪容. 金融的本源、本质及危机[J]. 探索与争鸣，2017(12)：26－29.

[60] 尹银，张琳. 金融社会工作为老服务：老年人的金融服务需求与应对[J]. 社会工作与管理，2020，20(2)：24－31.

[61] 曾康霖. 再论扶贫性金融[J]. 金融研究，2007(3)：1－9.

[62] 张立军，湛泳. 我国金融发展与城镇居民收入差距的关系[J]. 财经论丛(浙江财经学院学报)，2005(2)：66－70.

[63] 朱超. 农村金融体系发展中的政府干预：以印度为例[J]. 经济与管理研究，2007，28(1)：90－94.

五、其他资源

[1] 孙同全，刘建进. 中国金融扶贫的历程与展望[G]//李培林. 中国扶贫开发报告(2016). 北京：社会科学文献出版社，2016：159－177.

[2] 汪三贵，朴之水，吴国宝. 中国反贫困政策评价[G]//朱希刚，中国农业科学院农业经济研究所. 农业经济与科技发展研究-1999. 北京：中国农业出版社，1999：251－284.

[3] Ledgerwood J, Earne J, Nelson C. The New Microfinance Handbook: A Financial Market System Perspective[M/OL]. The World Bank E Library, [2013－10－13], https://elibrary.worldbank.org/doi/abs/10.1596/978－0－8213－8927－0.

后　记

金融是促进农业农村发展的重要支撑。然而，现代商业化金融体系呈现出非常明显的“城市偏向”，“金融不下乡”在各国是非常普遍的现象。尤其是对于低收入群体而言，更难以“信用化”，因为他们在金融世界中往往属于“无价值的个体”。相关理论研究和实践探索一再表明，金融支持是有效的减贫手段，同时也是推进农业现代化不可或缺的力量。因此，主要国际发展组织、各国政府、非政府组织、社会工作者纷纷投身推动“金融下乡”的事业。几十年间，如政策性金融、合作金融、小额信贷、金融社会工作等纷纷发力，实践模式不断创新，同时也推动理论研究不断前行。但不得不承认，对于乡村社会和乡村人口而言，融资难、融资贵的问题依然没有得到根本性改善。即使是荣膺诺贝尔和平奖的格莱珉银行模式，也面临着金融资源总量有限、利率高、存在文化适应性难题等诸多困难。在宏观政策、中观模式、微观知能诸层面，或许我们都还不能止步于既有的成绩，如何更有效地促进“金融下乡”依然是21世纪农业农村现代化发展的最突出挑战，对发展中国家而言更是如此。

中国的脱贫攻坚伟大实践创造了人类发展历史的伟大奇迹。在金融反贫困领域，2016—2020年，全国累计发放扶贫小额贷款超过6 700亿元，惠及贫困户1 700多万户。从全世界范围内来看，这是伟大的金融下乡奇迹——其体量超过格莱珉银行放贷规模20倍，而综合利率约为7%～8%，约为后者的三分之一。此外，在金融再贷款、资本市场和保险助力反贫困与乡村发展方面，中国所取得的成就亦可圈可点。在此意义上，中国金融反贫困的实践经验及其成就不啻给全球金融发展提供了样本和经验，贡献了智慧和方案。此外，在新时代乡村振兴的伟大实践中，中国农村金融服务体系亦有待进一步完善，包括进一步倡导社会力量的参与，进一步促进金融社会工作服务体系的形成和完善等。在这些方面，无疑可以借鉴国际上好的经验与做法。

谈及本书的写作过程，在接到撰写书稿的邀约之初，我不甚惶恐，亦有诸多期待。惶恐的是之前虽然对减贫与发展中的金融议题一直保持着很大兴趣和关注，但没有相对系统的研究，担心完成不好这项任务。期待则主要是来自一种难以抑制的自豪，希望能够为乡村金融服务的中国经验阐释尽些许绵薄之力，从而促进争鸣和交流。于是，便硬着头皮接下任务。从讨论提纲到几易其稿，中间几度欲放弃写作和修改，但是在众多师友的鼓励和支持下，我坚持了下来。

成稿过程要感谢向德平教授的鼓励和指导，以及写作团队的辛勤付出。书稿的分工如下：吕方编写了书稿的写作提纲，拟定了写作思路，并承担统稿和定稿工作；第一章由吕方和郭中圆共同完成；第二章由吕方、周诗芳共同完成；第三章由沙艳、卫文芳共同完成；第四章由王嘉渊、杨佳丽共同完成；第五章由王嘉渊、陈越凡共同完成；第六章由胡那苏图、吕方、卫文芳共同完成；第七章由沙艳、王笑共同完成；第八章由吕方、颜晓婷、祁缨缨共同完成。颜晓婷、门金轲、徐小倩、霍璐瑶、苏丽君、刘应响等几位同学参与了稿件的修改和完善工作。

书稿完成后，我内心十分忐忑，一是由于个人能力所限，对其中重要问题的把握很可能还不够准确；二是乡村金融的发展十分迅速，如乡村数字普惠金融、社区信用体系建设等众多议题尚未囊括其中。书中若有不妥之处，还请读者朋友们不吝指正。

吕方

2022 年 3 月 27 日于武昌南湖之滨

内容提要

本书聚焦于金融服务与减贫发展的相关理论和实践议题，着重展现政府、非政府组织、社会工作者等行动者可能以何种方式对解决金融不平等问题做出的贡献，以及这些行动者在促进包容性金融体系建设，改善弱势群体金融福祉方面的实践探索。对这些理论和实践的梳理，有助于增进人们对普惠金融议题的了解，同时有助于思考中国全面推进乡村振兴过程中的“金融下乡”议题。